山下智博

上海の中国人、安倍総理はみんな嫌いだけど8割は日本文化中毒！

講談社+α《プラスアルファ》新書

まえがき——メディアで知る中国と実際の中国は真逆

はじめまして。突然ですが、皆さんは中国に対してどういうイメージをお持ちでしょうか?

昨今のメディアの報道を見ていると、好感を持っていない人が多いかもしれません。でも実は「よく分からない」というのが正直なところではないでしょうか。

僕は、かれこれ五年、中国に暮らしていますが、中国に行く前のイメージは「世界一の反日国家」でした。ところが、いま僕は、中国で一〇〇万人以上のファンに向けて動画を作りながら、日中文化交流の活動をしているのですが、皆さんとはまったく違う印象を持っています。

僕が中国に移り住んだ理由……それには多くの人が驚かれますが、実は、中国人は日本人が嫌いだ、そう信じていたからなのです。これについては、また本編でお話しします。

でも中国に行ってみると、聞いていたことと真逆な世界がそこにあることに驚かされました。そうです、日本にいても、中国のことはまったく分からないのです。日本にいると、どうしてもメディアの発信する情報だけを受け入れてしまうからです。

本書は、この一〇年、圧倒的な速さで進化を遂げ続けている中国の若者の様子を、皆さんにお伝えしたくて書いたものです。あ、申し遅れました、僕は山下智博《やましたともひろ》といいます。ユーチューバーという職業が全世界で流行しているように、中国でも現在、ネット動画はものすごい人気を博しており、かくいう僕も、中国でユーチューバーのようなことをして生きています。

ところが、ご存じの通り中国にはネット規制があり、ユーチューブが見られないので「ユーチューバー」という職業は存在しません。中国ではネット有名人のことをネットの「網(ワン)」に赤くホットになるという意味の「紅(ホン)」の二文字で「網紅(ワンホン)」と呼びます。なので、いまの僕の職業は「ワンホン」ということになります。

ただ、変な話ですが、ワンホンになりたくてなったわけではありません。話せば長いので今回こうして本を出版したのですが、簡単に説明しますと、日本で現代アーティストを目指して表現活動をしていて、とある理由から中国に移り住み、新しい表現を模索しながら生きていたら、いつの間にかワンホンになっていた、というのが実情です。

訪日観光客の爆買いや、最近ではハイテク技術の隆盛など、まだまだ膨らみ続ける中国ですが、先述した通り僕も、中国に移り住むまでは実態をよくつかめていませんでした。たとえば、ネット人口は総人口の約半分、七億人といわれています（二〇一七年一月に発表された第三九次「中国互聯網絡発展状況統計報告」すなわち「中国インターネット発展状況統計報告」によれば、なんとネット人口は七・三一億人……前年に比べ四三〇〇万人も増えています）。

しかも、これからさらに七億人も増えていく伸び代がある。グーグルやツイッターを頼らずとも、ネット企業は、内需だけでしっかり自立していけるといえましょう。

ただ、ユーチューブやツイッター、インスタグラムにLINEなどの主要ツールが存在しない世界を、皆さんは想像できますか？　そんな世界の若者のネット主要ツールが軒並み使用できない中国で、若者は本当に不自由を感じていないのでしょうか？

実際、中国のネットサービスに関していうと、実は日本の皆さんが使用しているツールに似たものが国産で存在しており、しっかりとネット経済を育んでいます。僕も中国で暮

編集者と打ち合わせをした上海のホテルのボーイさんたちは山下のファンだった

らし始めて五年になりますが、ぶっちゃけ、一部は日本のネットサービスを超えています。そうです。中国は完全にグーグル帝国から独立し、ネット上での独立国家を築いているのです。

本書では、そんな中国ネット界で、はからずも有名になった僕の挑戦の物語を通じ、中国のネットと、そのユーザーの若者たちの知られざる実情を、僕が見て聞いて実際に体験したことがらを交えて紹介していこうと思っています。

海賊版や版権問題、公共空間のマナーなど、たびたび日本のメディアを騒がせる中国に対し、あまり良い印象を持っていない人も多いでしょう。先にお断りしておきますが、本書は日中それぞれを批判したり絶賛したりして、どちらが良いと結論を出すものではありません。

僕が中国に行く前と住んでみた後では、手に入る情報量も、中国に対する印象も、大きく変わりました。日本にいたら手に入らないものでした。本書では、「日本人が超嫌われているると思って中国に住み始めた僕」が「中国って思っていたよりも全然いいじゃないか！」と考えるようになり、さらに中国ネット界で有名になっていくまでの一連の物語を軸に、皆さんに知られざる中国をお伝えします。

日本のメディアで知る中国と実際の中国のあいだには、「ズレ」がたくさんあります。中国に渡る前の僕自身がそうであったように、日本にいるとそのズレが認識できず、どうにも中国人のことが理解できません。

そもそも、なんで日本のことが嫌いなのに、こんなにも中国人がたくさん、旅行に来てるんだよ、とツッコミを入れたくなる人も多いと思います。そして、それもこれも、実は全部、インターネットの影響です。

いま中国は、インターネットの拡大により、人々のライフスタイルが大きく変わっています。そして総人口が多い分、ビジネスの規模としても、大きな広がりを見せています。製造業の下請けに特化した「世界の工場」から、経済の中心を内需に切り替え、サービス業やエンターテインメント業も軒並み成長しています。

たとえば中国では、露店でも電子マネー決済が当たり前で、携帯一つでレストランの予約やシェアサイクルの利用、あるいは子どもへのお小遣いや愛人のお財布の管理……まで、できちゃうのです。

そんな急成長中の中国ネットと、それを使って日本文化に興味を示す中国人のことを知らないのは、もったいない。僕なりに、できるだけ丁寧に説明していこうと思っています。

山下智博《やましたともひろ》

目次◉上海の中国人、安倍総理はみんな嫌いだけど8割は日本文化中毒!

第三章　日本文化を渇望する若者たち

第四章　これだけ違う中国と日本の学生生活

第五章　知らなきゃマズい！　中国ネット事情

第六章　ネットから見えるこれからの日中関係

第一章　なぜ上海だったのか

受験勉強から逃げて芸術大学に

現代アーティストをやっていた、といえば、なんだか小難しそうなイメージを持たれるのですが、当時の僕は、アニメで見るような「朝、食パンくわえて遅刻、遅刻!」「絵に描いたような重役出勤」を再現するとか、そういうパフォーマンスをゲリラ的に行ったり、どうやったらモテるかを研究して発表したり、崇高な現代アートのイメージとは、ダメな意味で一線を画す表現活動に勤《いそ》しんでいました。

そんな僕も大阪芸術大学という、いわゆる美大を卒業しております。じゃあ小さい頃からアートの世界を目指してきたのかといわれると全然そんなことはなくて、受験戦争から逃げて逃げて芸術大学に辿《たど》り着いた、というのが実情です。

当時の専攻は現代アートの企画でしたが、入学時は、前衛芸術家の草間彌生《くさまやよい》さんのことも知らないレベルの学生でした。本当に、なぜ入学できたのか、いまでも謎です。

アニメの世界にのめり込んでいったのは二〇代後半。漫画といえば小中学校のときに「週刊少年ジャンプ」で「ドラゴンボール」とか「スラムダンク」を娯楽として楽しんでいる程度でした。当時はオタク文化という言葉が出始めた頃でしたが、自分には関係ないものだと思っていました。

大阪芸術大学

小学校、中学校と、少年野球チームに所属していましたが、運動のセンスがまったくないことに気づいてからは、中高と音楽に熱中していました。パソコンやカセットテープのMTR（マルチトラックレコーダー。いろいろなパートを別々に録音できる便利な録音器）とかで楽曲を作り、友だちに聴いてもらったりしていました。この頃から物作りが好きで、たびたび時間を忘れ、没頭していました。

高校は小樽《おたる》市内の進学校でした。そこではまあ、勉強はダメでしたね。中学校のときはトップクラスの成績でしたが、高校では、ぜんぜん上位に食い込めません。どんなに頑張ってもベスト一〇〇にも入れなかったので、一夏を待たずして心が折れました。それはもうあっさりと。じゃあ、いっそのこと、勉強で勝負するのを諦《あきら》めて、誰もやっていない分野で勝負しよう、と……紛《まぎ》れもないダメ学生の現実逃避です。

そんな僕でも、親が大学行きを後押ししてくれました。ただ、一般的な大学に行ってもどうせ勉強なんてしないのは分かりきっていたので、物作りに触れられる大学をと考え、芸術大学を目指しました。

……なんていえば響きは良いですが、いってみれば芸術の道は、消去法で残ったあまり積極的ではない道だったのです。

芸術性よりも笑いを大事にする友

では、なぜ大阪芸術大学だったのか――よく聞かれる質問です。

これもいうのが恥ずかしいくらい消極的な理由なのですが、東京が怖かったんですよね。しかも高校の同級生でオシャレな平松くんや辻くんたちが、「やっぱり高田馬場でしょ、早稲田でしょ」とかいいながら東京を目指すわけです。

東京はオシャレな人が行くところなのかと戦慄《せんりつ》し、彼らが行かないところへ行こうと決めました。そこで大阪を目指したのです。と、自分で書いてみて、どれだけダメな奴なんだろうと、開いた口が塞《ふさ》がりません。

「負けないように努力する」のではなく「負けないように競争相手の少ないところに逃げる」という、良くない意味の負けず嫌いを一〇代から発揮していた僕の人間的な本質は、いまも変わっていない……実はそれが、中国へ渡った一因でもあります。奇跡的に良い方向へ発展しましたが、当時、この曲がった性格を殴って正さなかった母親には、感謝するしかありません。

こんな背景から向かった大阪芸術大学って、芸大のなかでもちょっと異色でして、誤解を恐れずいえば、ヤンキーっぽいところがあるのです。どちらかというと洗練されておらず、変な人間や尖った人間が多いところでした。

しかも山のなかにあって、幽閉《ゆうへい》されている感が強い……里の人間と交わりを持たないカルピス原液のような濃い人たちが跋扈《ばっこ》する、不思議な空間でした。ドラマ「アオイホノオ」の舞台だったといえば分かりやすいかもしれません。

僕の友人にも不思議な人が多くて、「僕ら学生の表現なんてたかが知れてるんだから、せめて、お客さんには一笑いくらいしてもらいたいな」なんてことを真顔でいうのです。ずっと生まれ故郷の北海道にいた僕には、芸術性よりも笑いを大事にする友人に巡り会えたことは、大きな刺激となりました。

戦っても勝てぬなら勝負せず……

大阪芸術大学で選択した学科も芸術計画学科という、聞きなれない学科でした。この選択でも、僕特有の負けず嫌いが猛威を振るったわけです。実は高校時代、将来の進路として、テレビ局などのマスコミ系を狙っていました。人口一〇万人の地方都市に住む僕にとっては華やかな世界というイメージが強く、なんとなく憧《あこが》れがありました。非常にふわふわした志望です。

だったら、大阪芸大には放送学科があるのだから、そっちに行けばいい、といわれるかもしれません。でも、僕の現実逃亡癖は、そんな選択を許してくれません。

進学する前、大阪芸術大学のオープンキャンパスに顔を出してみたときのことです。何となく足を踏み入れた放送学科の実習室に居合わせた同年代の学生たちの志を強烈に感じ、彼らが流暢《りゅうちょう》に紡《つむ》ぎだす専門用語が飛び交う会話を耳にした僕は、同じ日本語のはずなのにほとんど聞き取れないという、ある種の「言語障害」すら感じました。

そんなマニアックな話題で盛り上がっている彼らを見て、「これ……無理だろ」と実感し、放送学科は避けた……なんて後ろ向きな一八歳でしょう。つまり、芸術の道を選んだときのように、強い競争相手のいない居場所を、芸術分野のなかでも探したのです。

学生時代のイベント。パネルを持つのは阿倍野筋商店会の和田会長

そこで辿り着いたのが、先にも触れた芸術計画学科です。ここはアートイベントや展覧会のプロデュースなどを主に学ぶ日本でも珍しい学科で、大学入学時に新入生が横一線でスタートして勝負できるという、非常に耳触《みみざわ》りのいい言葉に惹《ひ》かれて入学を決めました。

結果、僕が大学で得たものは、他人と違う視点で、いかに新しい表現を生み出していくかという企画脳と、関西人的な人を笑わせる発想力……これがいまでも役に立っているのです。

大学時代の前半は、サークルに入り浸る典型的なダメ学生でしたが、二年生の最後に大阪の阿部野橋《あべのばし》駅前の商店街アートプロジェクト代表を経験し、企画が楽しくなりました。そして卒業制作では、自主企画の展覧会を実施するほど、のめり込んでいきました。

大学四年時には、大阪府立現代美術センターの吉原治良《よしはらじろう》賞記念アート・プロジェクトの公募で選ばれ、唯一の学生アート・コーディネーターとなりました。そうして諸先輩方に揉《も》まれ、社会の洗礼も受けました。

実は当時、自分があまりにも役立たずだと感じ、泣きながら母親に「もう無理だ」と電話したことがあります。最高にダサい思い出なので、道を歩いているときにふと思い出して、いまでも死にたくなります。

その当時は、もちろん心のなかは「この業界では絶対に勝てない」という敗北宣言でいっぱいでしたが、なんとか任期が終わるまでやり抜きました。いま一度、当時の関係者各位に謝りたいです。ちなみに、当時お手伝いをさせていただいたアーティストの一組「contact Gonzo」さんは、いま世界をまたにかけて活躍するアーティストになっています。

というわけで、自身は若干《じゃっかん》成長したものの、やっぱり「勝てないなと思ったところではやっぱり勝てない」という明確な結果を前に、「戦っても勝てないところでは勝負しない」という僕の変な負けず嫌いは、いよいよ成熟していくのです。

BRICsに行けば第一人者に？

こんな僕は、大学卒業後、札幌市の教育文化会館という公立文化施設で、舞台芸術の企画

札幌市教育文化会館（同館ホームページより）

の仕事を四年間させていただきました。せっかくなので簡単に仕事内容を説明させていただくと、僕が配属された部署は事業課、つまり会館自主事業の担当部署でした。しかも事業は「能」「狂言《きょうげん》」「歌舞伎《かぶき》」「浄瑠璃《じょうるり》」「オペラ」「演劇」「ダンス」「人形劇」「お笑い」など、「お笑い」を除いて学生時代に一ミリも触れてこなかったものばかり……教育文化会館を管理しているのは「札幌市芸術文化財団」で、教育文化会館以外にもコンサートホール「Ｋｉｔａｒａ」や芸術の森美術館などの施設を有している公益財団法人です。

僕は、曲がりなりにも現代美術の勉強をしていたので、実は美術館に行けると思っていました。ところが、いちばん縁の薄いジャンルに配属となりました。

美術館の学芸員は別枠《べつわく》採用だったらしいのですが、僕が受けた試験は一般職員の枠……そもそも僕は叶《かな》いもしない夢を見ていたのです。そのことに気づいたのは、働き始めて半年くらい経ったときでした。

しかし、舞台の仕事も始めてみると面白く、第一線で活躍する能楽師やダンサー、地元で活躍する演出家や役者の方々とお話しすることで見えてくる斬新《ざんしん》な考え方に接し、刺激をたくさん受けました。

こうして勢い余った僕ですが、仕事の合間を縫って、自らも「なんちゃってパフォーミングアーティスト」として活動し、暴走を始めます。当時の僕の評価はともかくとして、とても充実した日々を過ごしていました。

そんな団体職員の生活を手に入れつつも刺激にあふれた日常は、一見、順風満帆《じゅんぷうまんぱん》な人生を送っているように見えたかもしれません。しかし、人間の欲望は底が知れません。安定を手に入れた僕は、今度は海外での不安定な生活に憧れるようになりました。これまた若者が患《わずら》いやすい、典型的な「あまのじゃく病」ですね。

ただ、海外でチャレンジしたいという志向は、学生時代からずっと持ち続けていました。実はこれ、英語を流暢に話す帰国子女的な人たちへの憎悪《ぞうお》にも似た嫉妬《しっと》から来るもので、英語ペラペラ人間を見ると自動的に怒りと劣等感が湧き上がって止まない……僕はこの手の発作を二〇一〇年頃から頻繁《ひんぱん》に起こすようになりました。そして、どうやら自分も第二言語を習得しないと、一生彼ら彼女らに引け目を感じてしまうという謎の危機感を覚えました。

　海外活動を目指すにしても、ほとんどのアーティストは欧米圏、つまりドイツ、イギリス、フランス、アメリカあたりを目指すのが王道です。ただ、そんなオシャレな地域に行っても、着いた瞬間に僕は周回遅れですから、もう勝てるわけがありません。「だったらいっそ、日本人アーティストがあまり行ったことのない場所に行ってみよう」という結論に達しました。なんと、殴りたくなるような消極性でしょうか。ですが、その拳《こぶし》をぐっと収めて、もうしばらく読み進めてください。

　当時、欧米を除いた勢いのある新興国を指す「ＢＲＩＣｓ（ブリックス）」という言葉が出始めたころで、そのあたりの国は面白いんじゃないか、そう漠然と考えていました。ブラジル、ロシア、インド、中国のことですが、こうした国々はやがて豊かになり、芸術文化が発展してくるから、そこで第一人者になれれば、あとはグへへ……と考えたのです。

　このときばかりは、冗談抜きで、自分は天才かと思いました。しかし、英語を話す帰国子女に嫉妬していたはずの僕が、これらの国の公用語が英語じゃないと気づくのは、もう少しあとのことでした。

　そういう海外移住の目的を持ちながら、教育文化会館では四年間働きました。社会人の基本や、いままで関わってこなかったパフォーミングアートの魅力を存分に叩き込んでくださった職場の皆さん、本当にありがとうございました。

札幌で出会った運命の人

教育文化会館で働いているとき、運命的な出会いがありました。のちに上海《シャンハイ》に渡るきっかけとなる出会いです。

二〇一〇年、札幌で現代アートの関係者が集まるパーティが開催されました。その会場で、すでに上海で活躍しているアートプロデューサーの鳥本健太《とりもとけんた》さんと出会ったのです。

鳥本さんは僕と同じ北海道出身。中国の上海に一〇年以上も腰を据《す》え、アートを通じた日中の文化交流活動を行っている唯一の日本人です。

鳥本さんは大学の体育学部時代、あのハンマー投げの金メダリスト・室伏広治《むろふしこうじ》さんと同じジムで筋トレをする毎日を送っていたらしいのですが、ひょんなことからイギリスに留学。ちょうどその頃に北京《ペキン》オリンピックの開催が決まり、同じ学校の中国人が「中国の時代が来る！」と絶叫して歓喜している姿を見て、「どんなもんじゃい？」と、今度は中国行きを決意しました。

そうしてしばらく、中国の大連《だいれん》でＩＴ関係の仕事をしていたところ、たまたま出張で訪れた上海のアート地区「M50」で触れた中国現代アートに衝撃を受けた。結果、大連の仕事を辞めて上海の版画工房で働き始め、いつの間にか起業していたという、何とも不思議な経歴を持った人です。

そして現在も、「上海環球金融中心」で行われるアートプロジェクトのディレクションや、中国のショッピングモールのアート作品の選定、日中アーティストのコラボなど、広いジャンルのプロジェクトを手がけるほどのやり手で、そんな鳥本さんの波瀾万丈《はらんばんじょう》な話を聞けば聞くほど、海外でのチャレンジが魅力的に感じました。

そして、「なんちゃってパフォーミングアーティスト」の僕が、鳥本さんに、いずれ海外でアーティスト活動をやってみたい旨を伝えると、「へー、じゃ、上海においでよ」と、かなり軽いノリで応じてくれたのです。

その言葉を真に受けた僕は、その年の暮れ、鳥本さんのいる上海を訪れました。三週間ほどの滞在中にいくつかのパフォーマンスを現地で実施し、見知らぬ土地で表現一つで勝負する楽しさを覚えました。

そのとき、「あのパーティがきっかけです」と鳥本さんに話すと、「俺、そんなこといったっけ？」と真顔《まがお》で答えられました。そうです、鳥本さんは無類の酒好きなのです。が、この件については、きっととぼけているのでしょう。

さて、二〇一〇年の上海滞在中にいろいろリサーチしてみると、肌感覚で、中国経済の発展と、中国人の文化への欲求が感じ取れました。またそれ以上に、中国には日本人アーティストがまったくおらず、いま上海に来ればチャンスがたくさんあるということを何度も耳にしました。

こうして二六年間も培《つちか》ってきた僕の「負けず嫌い」は、誰もやったことがないことをやると自動的に一位を取れるという楽観視の最終ステージに達しており、上海行きに拍車をかけたのです。役所に辞表を出したのは二〇一二年三月。本格的に中国に渡る五ヵ月前のことでした。

中国でも、なぜ上海だったのか

間違った負けず嫌いと島本さんとの出会いがあり、中国の上海を選んだのですが、それ以外にもう一つ、大きな動機がありました。

——それは「自分に圧力をかけてみたかった」という思いです。

どういうことかというと、僕たちの世代の多くは、多くを求めない限り、日本では平穏な生活を送ることができます。外国と比較すると日本は貧富の差もあまりないし、ほとんどの人が義務教育を受け、何らかの職に就いて生きていけます。仕事に就けない国民を救済する

沢則行さんのボロボロの傘をコウモリに見立てた作品（沢さんのホームページより）

セーフティーネットも整っており、充実した医療と保険制度のあるこの社会は、恵まれた社会といっても過言ではないと思います。

ただ、物作りをする人間の根源的な欲求は「自分の周辺環境を変えたい」ということだと僕は思っています。労働者の歌、ワークソングから発達した黒人音楽もそうですし、何かをはねのけよう、何かを変えようという反発力こそが、物作りを支えている気がしています。

こうした考えに至るきっかけをくれたのもまた、アートの力でした。僕の大好きなアーティストに、人形師の沢則行《さわのりゆき》さんがいます。沢さんは僕と同じ小樽出身ですが、一九九〇年代に、本場チェコに人形劇を学びにいきました。しかし当時もまだ、現地では、アジア人は差別の対象だったそうです。かなり辛《つら》い思いをしたのですが、沢さん

26歳の山下智博

の作品は、そうした負の感情を大きく包み込む優しさにあふれたものです。

　沢さんの作品に、破れたボロボロの傘《かさ》をコウモリに見立てたものがあります。それはある雨の日、ずぶ濡れになっていたアジア人の沢さんを見かねた現地の見知らぬ人が、自らも裕福ではないにもかかわらず、ボロボロの傘を沢さんに譲り渡したというエピソードから生まれた作品。苦境のなか、現地の人から受けた優しさを美しく表現した心温まる作品に僕は感銘を受け、こうした表現のできる人になりたいと思いました。

　そして、厳しい環境に飛び込んでいった沢さんだからこそ辿り着けた境地なのであることも理解できました。その瞬間、僕の海外行きが確定しました。

　僕も、あえて過酷な環境に自分を放り込んでみる。その場所が、世界で一番の反日感情を持った国、中国だったというわけです。

　そう、嫌われて、圧力を受けて、まずはそれでも何か物作りをしたいと思うかどうか、その実験を自らに課してみたかったのです。期間は三年。とりあえず三年頑張って、何か強い物を生み出せなければ創作活動は諦める。そして、アーティストを支える側の仕事をまた一から始めよう、そういう覚悟を決めました。山下智博、二六歳の夏でした。

では、なぜ上海だったのか？　実は、そこはものすごく単純……島本さんが上海にいたからです。「誰も経験したことのない過酷な環境に身を置くなら、鳥本さんのいないところに行けよ」というツッコミは甘んじて受けます。でも仕方ないじゃないですか！　だって一人じゃ怖かったんだもん……。

運転手の「日本はいいよなぁ」

こうして二〇一二年八月末、上海に渡りました。

相当な覚悟を決めて中国に来たはいいものの、当時の僕は中国語などまったく話せず、中国の歴史も全然知りませんでした。『三国志』が好きだ、とかっていうのもなく、基本的に無知。中国の知識は「チンジャオロースー」くらいが限界。上海に来て初めて、池上彰《いけがみあきら》さんの著書『そうだったのか！中国』を手に取ったくらいですから……いろいろ悩んだ割に、まったくもって準備不全の状態でした。でも、いま思うと、そのくらい無知じゃないと挑戦できなかったかも、とは思います。

さて、こうして鳥本さんだけを頼りに上海に来た僕ですが、当の鳥本さんは、僕が本気で来るとは思っていなかったみたいです。あとで聞くと、「本当に来ちゃったの?」と思ったそうです。そうか、そういえば上海行きの話をしたときも、確かしこたま飲んでいたよな、と思い出しました。

ところが上海での生活が二週間もしないうちに、例の尖閣《せんかく》諸島国有化に関連する反日デモが起こりました。日系企業のオフィスが壊されたりした、あの怖いデモです。僕にとっては、文字通り、予想外の「熱烈歓迎」となりました。

日本の知り合いからは「危ないから早く帰ってこい」ともいわれましたし、日本企業の撤退とかも相次ぎました。が、僕としてはそういう逆境を求めてやってきたので、「こうでなくちゃ」と、逆に気を引き締めていました。

僕は表現に関わる仕事を通じ、表現の力というものに可能性を見出していました。そこには物事の見え方を一八〇度変える力があるのです。とあるきっかけで物の見え方がガラッと変わり、いままで何とも思わなかった物が急に気になってしまったり、嫌いだった物が逆にいとおしく思えてしまったりする……表現には、人を転換させるそんな力があると思います。

たとえば札幌時代、一般市民の方が複数人で踊るダンス講座を会館で主催したときのことです。高齢の方がいらっしゃり、その方だけどうも腕を高く上げることができません。やはり動きが揃わないと美しくないので、普通の講師はその振り付けをまったく別なものに変えるか、見過ごすしかありません。ですが、このときの講師は、こういったのです。

「(その高齢の女性に向け) あなたはできる限り腕を上げればいい。周囲のダンサーは、なるべく彼女の動きを研究して、真似しなさい」と。

すると面白いことに、その動きはなかなか真似できなかったので、現場には笑いが広がり、和《なご》やかな空気になりました。そうして数日後、舞台上で発表公演をしたのですが、そのシーンは歪《いびつ》ではあるけれども、とても美しいものに仕上がりました。

こうした「気づき」の力について、僕には持論があります。気持ちの変化では、マイナス一〇〇 (嫌い) からプラス一〇〇 (好き) になったときのインパクトが一番大きい。確実に人生のマイルストーンになるような、忘れられない経験を得られます。

そういう意味では、現在の日中関係は、お互いマイナス一〇〇 (嫌い) ……ここから表現の力を通じて、いかにプラス一〇〇 (好き) にできるか、です。こんなショックを与えられるのは表現の力、ないしは笑いの力だと僕は信じていました。そんな僕がどれだけ大きな文化的インパクトを与えられるか――それが、僕が自分に与えた課題です。

でも、実際に上海で暮らしてみて、日本人だからといって危ない目に遭ったとか、現地の人にひどい扱いを受けたとかいう体験は皆無です。タクシーに乗ろうとして日本人と分かると乗車拒否された、なんて話はたまに聞きますが。

でも僕がタクシーに乗ろうとしたときなど、運転手さんに日本人だと告げたとたん、「兄ちゃんは日本人か……。日本はいいよなぁ……安倍《あべ》総理はダメだけどさ」、なんて羨《うらや》ましがられたりしました。そして、「最近、日本に行ったんだけど、すごいよね！　道が綺麗《きれい》だし、ゴミが落ちてなくてさ！」みたいな世間話が大半です。日本で触れていた報道とのギャップに、当初は戸惑《とまど》ってしまいました。

こうして僕も、メディアが報道する中国とはまったく違う顔を持った中国に、少しずつ気づき始めていったのです。

考えてもみてください。約七六〇〇億円にものぼる中国の映画市場（二〇一五年／アメリカ映画協会資料）――そこには反日映画など存在していません。なぜか？　ビジネスにならないからです。一方、反日ドラマだと番組制作の許可が下りやすいテレビでは、そうした番組にあふれています。そうです、中国国民は、娯楽と政治を区別して楽しんでいるのです。

さあ、常識と一八〇度違う現代中国に、ようこそ！

第二章　上海のリアル

語学学校へ通ってはみたものの

上海に来て、まずは語学学校へ通いました。住居は語学学校の寮。貯金をちびちびと食いつぶしていく生活です。三年間はなんとかなるだろうというくらいの蓄えはあったのですが、贅沢《ぜいたく》をしたらすぐになくなってしまう額だったので、生活を極力切り詰めた一日一〇〇〇円の貧乏生活のスタートです。何ものにならなくても、せめて中国語だけは習得したい、その意気込みで、最初はまじめに語学学校に通いました。

中国の語学学校は大学内に併設されている場合がほとんどで、授業料を納めれば留学ビザを取得でき、長期滞在ができるようになります。半年ごとの更新ですが、授業料は半年で一八万円くらい。寮は、仕切りのない二人部屋が一ヵ月約二万円。一人部屋なら、その二倍になります。

食費はというと、食べるものを選ばなければ、一食一〇〇円以内に抑えられる物価の安さではあります。しかし贅沢をしようとすれば青天井《あおてんじょう》で、バーに行けばカクテル一杯一五〇〇円、オシャレなカフェでパスタを頼むと一〇〇〇円くらいかかってしまうので、日本とほぼ同じ感覚です。

ただ、安く済ませようと思えばいくらでも節約できるのが中国。貧富の差が大きいという

僕が通っていた上海大学美術学院

理由もあって、基本的な生活インフラはとても安く、地下鉄やバスは日本円で数十円で乗れますし、携帯電話の利用料金だって月一〇〇〇円もかかりません。また、映画も数百円で見られますし、ファミリーマート、ローソン、セブン-イレブンなどお馴染《なじ》みのコンビニもたくさんあり、慣れてしまえば上海は、なかなか暮らしやすい街なのです。

語学学校は、基本的に、午前中二コマだけで終わります。リーディングやライティング、会話や文法など、決められたカリキュラムに沿って勉強していきます。ただ、ゼロから始める中国語は予想以上に難しく、漢字は何となく読み書きできるのですが、会話が圧倒的に難しい

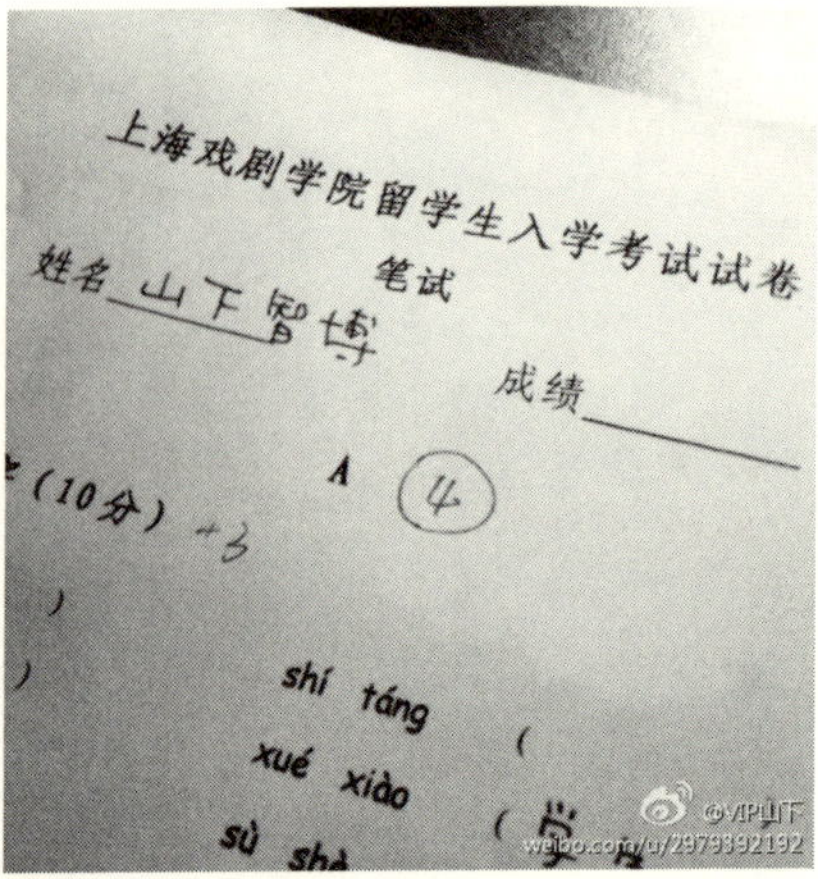

語学学校の入試は散々……

んですよね。音に慣れるまでに相当な時間を費やしました。

しかも、クラスメイトは二〇歳前後のキャピキャピした外国人たちで、二〇代後半で社会人経験のある僕が馴染《なじ》めるはずもなく、ペアを作って会話の練習をする時間になると毎度のように僕が余って、見かねた先生が相手をしてくれるという、なんとも残念な授業を受ける日々でした。

そうした理由から、ほどなくして会話のクラスには行かなくなったのは内緒です。お昼に家に帰ってからは自分でいろいろと情報を収集し、美術館や観光地、偽物《にせもの》市場や葬儀場周辺など、あちこちに出かけていきました。

ただ、そこに立ちはだかったのも言葉の壁です。会話を通じて物事を深いところまで理解できない。そのうえ、年配の中国人は、話し声が大きいんですよ。普通の会話のはずなのに、何かめちゃ怒られているのではと錯覚《さっかく》してしまうくらいの勢い……それに圧倒され、気の弱い僕は、早々に家に引きこもるようになっていきました。そうです、マズいパターンです。

日本文化に憧れる若者たち

家に引きこもってしまった僕ですが、さすがに海外ニートだけは避けたいと思い、勇気を振り絞り、週末にはどこかしらで催される日中交流会に顔を出すようにしました。そこに参加するのは、主に日本語を勉強している中国人大学生なので、むしろ日本語を話したほうが喜ばれるのです。

そう、中国語を話せない僕にとっては絶好のぬるま湯……あわよくばと予期せぬ出会いをどこかで期待し、足を運ぶようにしました。二八歳でした、うわあ。

そこで交わされる会話の主なテーマが、日本のアニメです。一九九〇年代には、上海で「スラムダンク」などのアニメがテレビで放映されていましたが、二〇〇〇年代に入ると日本アニメの主戦場はテレビからネットに移り、爆発的にファン層が増えてきたのです。

交流会では、日本の学校生活や日常的なことに加え、「どんなアニメが好きか」「どんな声優が好きか」という話題がめちゃくちゃ多い。相手は、いわゆる日本的な引きこもり様《さま》の外見ではありません。でも、それぞれに好きな声優さんの一人や二人がいるということに、心底驚きました。しかも僕のほうが圧倒的に知らないので、その場の気まずさといったら、葬式で間違ってクラッカー鳴らしちゃうくらいのレベルです。

中国で、日本人の僕が中国人に日本のアニメのことを教えてもらうという変な構図が、しょっちゅう見られました。

そうなんです、二〇一二年頃の中国の大学生から見える日本は「アニメ大国」そのものだったのだと理解しました。

アニメトークを一通り終えると、中国人男子がニヤニヤ不敵な笑みをたたえ寄ってくるのです。何を隠そう、彼らはいわゆるアダルトビデオの話題を日本人と語り合いたい若者たち……蒼井《あおい》そらさんが中国で大人気だと聞いたことのある方も多いのではないでしょうか。

アダルトビデオは存在しないことになっている中国ですが、いわゆる日本のセクシー女優の皆さんが、どういうわけか大人気なのです。その裏には版権という大きな問題が依然あるのですが、政府の意向で地上波では放送できない日本のアニメと、法律上存在しないアダルトコンテンツは、規制をかいくぐりやすいインターネットとの相性が抜群にいいのは確か。インターネットの普及に伴い、これらのコンテンツが中国のネット民たちのハードディスクの容量をどんどん占めていき、彼らの生活の一部になっていきました。

ちなみに、中国でいち早くインターネットに触れていた世代が一九八〇年代後半生まれの層です。後述しますが、彼らが人生の多感な時期にこうして日本の映像コンテンツに日常的に触れ、現在の中国ネットコンテンツの基盤を作ったということは、特筆すべきことだと思います。

インターネットを通じ、中国では存在していないはずのアダルトコンテンツが、蒼井そらさんという新しい時代のシンボルを生み、中国では存在していなかった「萌《も》え文化」が、アニメの聖地「秋葉原」に憧れを持つ若者を量産したのです。

蒼井そらさん（ゲッティ イメージズ）

僕の知り合いにも、アニメが好きで日本に留学した若者が数え切れないくらいいます。日本のアニメを日本の声優の声で楽しみたいがために、日本語を勉強する若者も相当数います。こうしたコンテンツを通じて自国ファンを増やすという文化政策としての理想的な結果が、すべて日本政府のあずかり知らぬところで、自然発生的に生まれていたのです。

何という皮肉でしょうか。侵害された版権の利益は莫大《ばくだい》であり、見過ごすことはできないものではあります。が、ここまで熱狂的に日本文化を追い求める膨大な数の若者たちを目の当たりにすると、海賊版の「功」についても考えさせられます。そう、まさに日本のソフトパワーは、巨大な「外交力」を有するのです。

中国ネットで感じたリアル

さて、反日の国と意気込んで来た中国ですが、いざこの国で暮らして若者と触れ合ってみると、日中関係の表層からは読み取れない情報に触れることができるようになりました。

僕が中国に来た二〇一二年から一三年の頃、中国では、まだユーチューバーのような個人映像配信者が存在せず、コンテンツは専門の団体が制作していました。最新ニュースをブラックユーモアを交えて斬るスタンダップコメディ番組「暴走大事件」、中国版「ギャグマンガ日和」ともいわれる中国国産アニメ「十万个冷笑话（十万ダジャレ）」、もともと「ギャグマンガ日和」を自主的にアフレコして中国で大ヒットを飛ばし、その後中国ネットミニドラマの先駆けともなった「万万没想到（まったく思いもしなかった）」……これらのチームのコアメンバーは皆、一九八〇年代生まれです。

どれも日本のコンテンツの影響をどこかしらに垣間見《かいまみ》ることができる。その点に興味を持ち、若者に超人気のバラエティ番組「暴走大事件」のディレクターに、日本のコンテンツから受けた影響について聞いてみました。すると、「好きな日本人映画監督？　小津安二郎《おづやすじろう》かな」……おまえ、進む方向が全然まちがっているじゃねぇか、と渾身《こんしん》のツッコミを入れたくなる答えを返してくれました。

でも、スタジオジブリの作品や、映画では北野《きたの》武《たけし》監督の作品が好きで、「歴史の問題とかいろいろあるけど、俺らの世代はみんな日本のコンテンツが好きだし、そこから影響を受けているよ」といってくれたのが、とても嬉しかったのを鮮明に覚えています。

特に中国人向けに作られたわけでもないのに、僕ら日本人が知らないところで、ここまで日本のコンテンツを好きでいてくれる、そんな人が多いことへの驚きと、日本の映像シーンを引っ張ってこられた諸先輩方の功績の大きさに、心から感動しました。反日の国で、日本人として、すごく誇らしく思った瞬間でした。

彼ら制作集団だけではなく、一般の大学生も、それに近い感覚を持っていました。将来は日本に行ってアニメ制作の勉強をしたいという大学生、日本人に初めて出会った緊張でうまく話せない高校生、成人向けのゲームを楽しむために日夜、日本語を独学で勉強するスクール水着フェチの大学院生（！）などなど……彼らと一緒の空間にいると、そこが限りなく日本であるかのような錯覚《さっかく》に襲われ、渡航前の中国人像とのギャップに戸惑うこともしばしばありました。

僕のなかでは新人類といっても過言ではない中国の若者に出会い、彼らに興味を持ち始めました。彼らが触れている「日本」とは一体、何だろうか？　どういうところで日本の情報を集めているのだろうか？　どういう集まりに参加して、どういうネットの言葉を使って、どういう風に日本を見ているのだろうか？　そうした研究を始めたわけです。

中国人の愛が試される動画サイト

では、中国の若者はどういったプラットフォームで、アニメなど日本関係の動画を見て楽しんでいるのでしょうか。そのあたりをざっくりと説明していきましょう。

中国で一番の親日動画サイトといえば、「ビリビリ動画」（哔哩哔哩、bilibili）があります。これは二〇〇九年、当時「ニコニコ動画」のファンだった一九歳の若者が非公式で立ち上げた動画サイトで、ニコニコ動画と同じように中国語で弾幕が流れるランキング形式のサイト。弾幕というのは視聴者のコメントを画面上に表示するコメント表示の方法ですが、中国国内ではビリビリ動画から始まり、現在では、「優酷（ＹＯＵＫＵ）」など大手サイトも弾幕を取り入れているところが多いのです。

このビリビリ動画のコンテンツは他の中国のサイトと一線を画しており、基本的に日本のニコニコ動画でおなじみのコンテンツが主流です。たとえば日本のアニメ、ゲーム実況、初《はつ》音《ね》ミクの歌、動画を切り貼りして作るＭＡＤ（中国語では「鬼畜動画」）、キャラクターを踊らせるＭＭＤなどがあふれています。現在アクティブユーザーは一億人を超えるともいわれ、アニメ好きな中国人なら知らない者はいないというレベルにまで大きくなっており、毎年アクティブユーザーが数倍に増加しています。

さて、ちょっとここで、なぜビリビリ動画が作られたかというエピソードを紹介します。まだ中国国内から様々なサイトにアクセスができた時代、日本のアニメ好きな中国人は、ニコニコ動画にアニメを見に行っていました。ニコニコ動画といえば、ユーザーが打ち込むコメント「弾幕」が有名なのですが、中国人がニコニコ動画内で中国語のコメントを打つと「荒らし」と誤解され、要らぬ摩擦を生むことがたびたびありました。なかには中国人に対し心ないコメントを投げかける人もいたようです。

日本人と同じように日本のコンテンツを弾幕を使って楽しみたい、だけどニコニコ動画ではそれができない……そこで彼らは、「中国人が中国語で弾幕を楽しめるサイトが欲しい」と考えたのです。こうして生まれたのがビリビリ動画です。

ちなみに日本嫌いの中国人も一定数いるので、ビリビリ動画では会員しか弾幕を流せないようにするなどの対策をとって、「荒らし」を未然に防いでいます。しかも現時点で、会員になるためには既存会員の紹介か五〇問の「中国オタクテスト」に合格しなければなりません。そう、「愛」が試されているのです。

ただ近年では、ビリビリ動画以外でも、積極的に日本のアニメを放送する動画サイトが増えています。また、のちほど改めて説明しますが、日本でもおなじみ「ONE PIECE」は百度（バイドゥ）傘下の愛奇芸（アイチーイー）が独占契約で放送していたり、「NARUTO」はアイチーイー以外にもYOUKUやLeTVなどで正式版を見ることができます。

もともと日本のコンテンツはインターネットと相性が良いと述べましたが、いまや中国ネットの至るところで、日本のコンテンツに触れる機会が増えたのです。

「日本人はヘンタイ」の意味とは

僕が中国でブレイクするきっかけとなった映像作品に「日本屌丝（リーベンディアオスー）」という自主制作のミニドラマがあります。内容は、まったく可愛くない空気人形との同居生活を経て繰り広げられるラブコメ作品。空気人形というのは読んで字のごとく、空気で膨らむ、例の、あの人形のことです。

どうしてこういう作品にしたかを説明すると、ものすごく多様な理由があるのですが、簡単にいうと中国人が持つ「日本人のステレオタイプ」のイメージを、自分なりに具現化した表現の結果なのです。

日本人のプラスイメージっていうと、「礼儀正しい」「真面目《まじめ》である」「創造力がある」というところで異論はないと思います。これらに関しては、中国人に限らず、それこそ日本人も自覚しているところだと思います。

一方、日本に対するマイナスイメージは、皆さんもご存じだと思いますが、そういう表面的な部分以外に、実は「ＨＥＮＴＡＩ」っていうイメージが存在しています。

これは先に挙げた圧倒的数量の成人コンテンツと、同時に、本来ごく少数に向けて作られたマニアック映像が、海外において面白半分に取り上げられ、拡散してしまったことに起因しています。その結果「日本人は普通じゃない」と大いに誤解され、「ＨＥＮＴＡＩ」文化として、独自の地位を築いてきました。いや、築いてしまいました、というべきでしょうか。

こうした文化をネガティブなものだと捉えて蓋《ふた》をする人が多いのも実情だと思いますが、僕は、江戸時代から脈々と続く日本の文化だと認識しています。葛飾北斎《かつしかほくさい》の春画「蛸《たこ》と海女《あま》」に代表されるように、先人たちは二〇〇年前から、ちょっと特殊な性的要素を作品化してきたのです。二〇〇年前に、既に「蛸と海女」なのですから、いまの時代に何が出てきても、驚きませんよね？　アブノーマルな組み合わせやコンテンツがあふれていても、そういうものを作る人もいるんだなぁと、受け入れてしまうのは僕だけでしょうか？

しかし、やはり中国人が、「どうしてこうなった？」「日本人はみんなHENTAIなのか!?」と、慌てふためく様子も、容易に想像できるのではないかと思います。

多くの日本人は、そういわれると、「HENTAIばかりが日本じゃないぞ」と反論したくなるところですが、僕としてはそこは甘んじて受け入れたうえで、「ここまで豊かなコンテンツを作れる国は日本だけだぞ！」と反論するようにしています。

春画やその手の小説は、もともと中国大陸にもあったものですが、ここまで独特なものに深化させたソフトパワーは、日本のお家芸とでもいいましょうか。長らく戦のなかった江戸時代に確立した、日本のちょっと陰湿な「恥の文化」や、日本人の創造性や精神文化が大きく関係しているのだと説明します。

このあたりの解説については、アニエス・ジアールさんの著書『エロティック・ジャポン』が詳しいです。事実、江戸時代には、こうしたもの以外にも様々な文化が花開いたのは、皆さんがご存じの通りです。

そこまで行けば「HENTAI」も、逆にほめ言葉になってきます。表面だけを見ると聞こえの悪い言葉ですが、ルーツを辿《たど》っていくと、アニメや漫画も成人向けコンテンツも、江戸時代の浮世絵から脈々と続いて来た日本独自の文化なのです。そう、こんなに豊かなコンテンツを有した国は、世界中を見ても他にはない、と。

そんな日本人の「HENTAI」というステレオタイプの力を思い知らせるべく、自らそれを演じ、その意義を伝えてみよう、そんな気になりました。

部活も文化祭もない中国人の悲劇

日本人の「HENTAI」を自分なりに描いたのが、自主制作ミニドラマ「日本屌丝」なのですが、誕生した背景についてこの聞きなれない「屌丝（ディアオスー）」という言葉について少し補足します。

二〇一二年当時の中国ネット流行語のひとつが「ディアオスー」でした。「日本ディアオスー」というタイトルは、まさにそのネットスラングから取っています。これは、背も低ければ見た目も良くない、コネも学力もお金もない、人生お先真っ暗な若者が自嘲《じちょう》する意味合いで使っていました。同時に、そうした若者が増えて社会問題にもなっていました。

中国は韓国に負けず劣らずの学歴社会。これだけの人口がいたら、どうしても落伍してしまう人間が出てきます。その競争から脱落して良い仕事に就けなかったり、良いコネクションに辿り着けず、大学を卒業したのに一ヵ月二〇〇〇～三〇〇〇元、日本円にして四万～五万円ほどの収入で暮らしたりする若者たちがクローズアップされていました。

その一方、短期間で恐ろしい額の収益を上げて金持ちとなった「土豪（トゥーハオ）」という人種が、屌丝の対義語として出現しました。まさに当時の所得格差を表す流行語でした。土豪は年収数億円レベルの人々なので、その格差たるや、恐ろしく激しいものです。

バブル以降に社会に出てきた僕たちの世代は、それほど景気の良い話も、それほど凄まじい格差も、いままで一切触れてこなかったので、しばらくは理解できずにいました。中国で繰り広げられるこの格差社会との接触は、まさに青天《せいてん》の霹靂《へきれき》でした。幸い日本には、学歴社会から弾《はじ》かれた若者を救うセーフティーネットがあります。

そして、「勉強ができないから、オレはスポーツの世界で頑張る」とか、「勉強では頑張れないけど、音楽の道なら自信がある」と、勉強以外の才能でチャンスをつかむことができ、大多数の教師や母親も、その背中を押してくれます。しかし中国では、なかなかそうはいかないのです。

まず、日本のように充実した部活動や大規模な文化祭もありません。受験のための勉強に力点が置かれており、実際に彼らに聞いてみると、朝から晩まで勉強漬けで、他のことをする時間は本当に限られています。そうした勉強第一の世界では、落ちこぼれを救うセーフティーネットも乏しく、ただ途方に暮れ、自嘲するようになっていくのです。

そんな彼らに同情の念を抱いていた僕ではありましたが、よく考えると、自分もしっかりディアオスーの必要条件を満たしていることに気づきました。中国ではコネもないしお金もすり減るうえに、身長は高校からずっと一六一センチ、中国に友だちもいないし、中国語に関してはコミュニケーションすらできないレベルで低迷……「エヴァンゲリオン」のパターン青、ディアオスー（未確認生物が来たときに認定装置を通し、「青」が出たときに攻撃対象と判別される）です。早くも中国で二度目の青天の霹靂です。

でも、ふと、こういう状況下だからこそ起こせるアクションがあるのではないかとひらめきました。僕が高校で勉強から逃げたように、学歴にこだわらない生き方を中国のディアオスーたちに教えてあげたいな、と。僕が救われた原理、つまり人と違う面白いこと、おバカなことをやって認められる世界があるし、勉強だけがすべてではない、と。

それを証明するために、僕自らがおバカなことをやって有名人になれば、それって学歴社会で悩むディアオスーたちにも希望が与えられる、立派な社会的アートプロジェクトになるのではないか、と。

バカも極めれば賞賛に値するという現実を、僕は日本のニコニコ動画やツイッターで何度も見てきましたし、実際に憧れてきました。そういう追体験を、日本人ディアオスーとして、中国ディアオスーたちに見せてやりたい。そんな思いがあって、素人《しろうと》のドラマ作りが始まったのです。

ダッチなんとかとの共同生活

では、どういう題材でドラマを作ればいいのか？　やはりインパクトを出したいし、おバカな方向に振り切れる必要性もある。そう考えていた頃、またまた「運命的な出会い」があったのです。

運命の出会いの場は「成人用品店」、つまりアダルトショップでした。ある日、中国の珍スポット情報を調べていたら、ライスマウンテンさんの『中国トンデモスポット』なる書籍に遭遇。その本のなかに、なんと成人用品の卸店《おろしてん》が上海鉄道駅の近くにある、と書いてありました。

珍スポット好きな僕にとっては見逃せません。引きこもりがちだったので三回くらいためらいましたが、最終的には思い切って見学に行きました。

そこではまさに驚きの連発。まず辿り着いた建物の名前が「凱旋門《がいせんもん》ビル」……外観は大阪梅田にある同名のやつの、ちっこい版です。ビルに入ると漂う独特の香り。そう、漢方薬です。吹き抜けのエントランスには、やたらと「健康」の文字が目に付きます。

なるほど成人用品も含め「健康」をテーマにしているのか。このくくり方は、すごいとしかいいようがない。エレベーターで三階に上ると、ついにご対面、成人用品の卸売店のフロアです。二〇平方メートルくらいに仕切られた店が薄暗い廊下に連なり、どこもかしこも怪しげなグッズが神々《こうごう》しく展示されていました。

若干圧倒されながら歩いていると、異彩を放つ一軒が……狭い空間に、ビニール製の空気人形がところ狭しと並べられている店舗でした。よく「ダッチなんとか」といわれているやつですね。ゆうに一〇〇を超えるであろう空気人形が台座にくくりつけられていたり、段ボール箱に詰められていたりする異空間。数の暴力とはこのこと、バイオレンスはなはだしいです。

しかも人形なので、いちいち顔があるわけじゃないですか。あれほどたくさんの顔と塩化ビニールに囲まれた経験はなかったので、物凄い圧力を感じました。しかも、妙に人形と目が合う……もう目のやり場にも困るし、正直いって、しばらく動けませんでした。

そこで僕は、とんでもないことに気づきました。塩化ビニールの彼女たちは、そもそも男性の性欲処理のために開発されたのに、生まれた瞬間から、ものすごい矛盾《むじゅん》を抱えているわけ

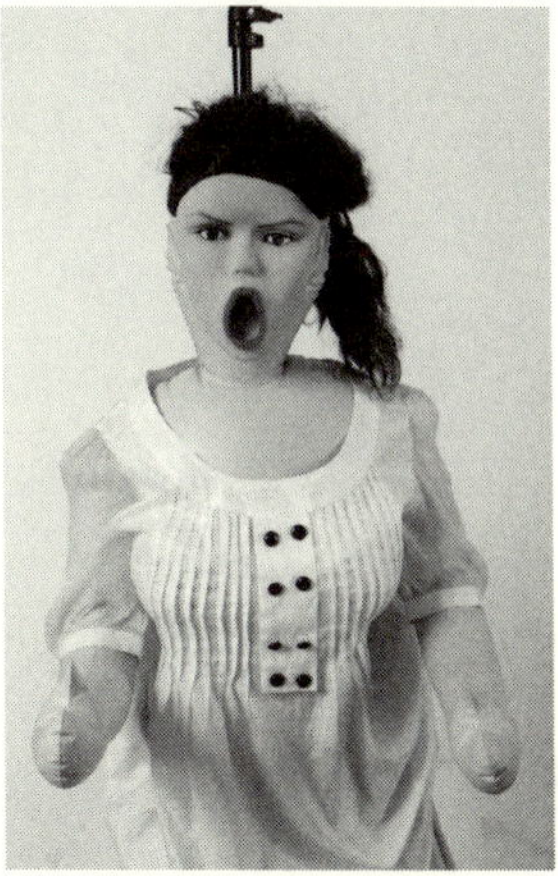

ウェイウェイ

です。

どんな矛盾か？　そう、全然かわいくないんですよね。あんぐり開いた口、焦点も定まらない瞳《ひとみ》、単純な体の曲線と雑に作られた乳房《ちぶさ》……これらを見て、どれだけの男性が欲情するのかといったら、申し訳ないけど、ゼロに近いと思うんですよ。

「誰がこんなもの買うんだ」というクオリティ。なのに、どういうわけか、中国で大量生産され、実際に自分の目の前に山積みされているわけです。充満する塩化ビニールの香りが何よりの証拠です。

しかも、彼女らのほとんどは引き取り手に恵まれず、恐らく時間とともに劣化して、最終的には廃棄されてしまうはず。それが大量に並んでいるのを見て胸が痛くなって……え、これって将来、真っ暗なディアオスーじゃん、と。そう、そこから一気にドラマのシナリオが組み上がりました。

——ディアオスーで「HENTAI」な日本人の僕が、廃棄寸前の中国版空気人形を幸せにしようと試みるストーリー。

これはなかなかディアオスー問題に悩む若者の心に刺さるんじゃないかと、あれこれ思考を巡らせていたところ、店のおばちゃんの「この娘すっごい気持ちいいよ」という声で現実に引き戻されました。

なぜおばちゃんが使用感を知っているのかとツッコミたい気持ちを必死に飲み込み、「中国人の子がいいんですが」と尋ねると、「中国人ならこの子だよ」といわれ、なぜか金髪で彫りの深い顔をした人形を差し出されました。いくらなんでも、これはさすがに違うだろと思って、おばちゃんの気を損ねないように、茶髪の人形に替えてもらいました。

そう、彼女こそがミニドラマ「日本屌丝」のヒロイン、薇薇（ウェイウェイ）でした。

僕は以前、日本で『空気人形』という映画を見たことがありました。板尾創路《いたおいつじ》さん演じる主人公が、ペ・ドゥナさん演じる人形と一緒に暮らしてみたところ、恋愛感情が芽生《めば》えてきて……という、ちょっと飛躍した話だったのですが、せっかくだからこの機会に僕も実験してみよう、と思いました。

そうです、ウェイウェイと暮らすことで、僕は彼女に対する恋愛感情を抱くようになるのか、というテーマを掲げた、摩訶不思議《まかふしぎ》な同棲生活が始まったのです。

日本から本物のＨＥＮＴＡＩが！

二〇一三年六月――ウェイウェイとの同棲生活を始めてみると、僕の生活も少し変わり始めました。ずっと家にいる彼女のために女性ものの服を買いに行ったり、アクセサリーを選んでみたりと、それまでとは違う視点で上海の街を楽しめるようになったりしました。

が、やはり恋愛感情は湧いてきません。それもそのはず、ウェイウェイに対しての感情は、ほぼ「気合」だけでしたから……そうです、僕も一般的な性嗜好《しこう》の男なのです。努力すれども、どうにもこうにも、僕の欲情は盛り上がってきません。僕たちの関係は一ヵ月も経たないうちに倦怠期《けんたいき》に突入するという、危機的状況に陥りました。

ところで皆さんは、吊り橋効果というものをご存じでしょうか。危機的な状況や非日常を男女が共有することで恋愛に似た気持ちの昂《たかぶ》りを覚え、そこから恋愛関係に発展していくという、アレです。僕はウェイウェイとのあいだには、まさに吊り橋効果が足りないと思い、ついにひらめきました。屋外デートに行こう！　と。

僕がウェイウェイとのデート先に選んだのは、上海随一の規模を誇るコスプレイベントでした。そこでウェイウェイとコスプレをして楽しもうと考えたのです。僕がピカチュウに扮し、彼女がサトシに扮する。ある種の主従関係の逆転を図ることで、二人の関係性に新しい何かが生まれることを期待したのでした。

ウェイウェイの空気を抜くのはあまりにもかわいそうなので、膨らんだ状態で抱きかかえ、街を歩き、地下鉄に乗って移動しました。デートの模様は、表現のアーカイブとして、語学学校の後輩である斎藤《さいとう》に撮影させました。もしかしたら道中で捕まって生前最後の映像になるかもしれないとも思ったので、「何があっても最後まで撮り続けてくれ」とお願いし

斎藤

ました。

結果、地下鉄の荷物検査で足止めされたり、すれ違う子どもを泣かせたり、白い目で見られたり、ゲラゲラ笑われながら写真を撮られたり、そんなことがありましたが、捕まることはなく無事コスプレを終え、家に帰ってこられました。

いちばん面白かったのが、コスプレイベント中の出来事。コスプレする前、ウェイウェイを抱えているあいだ、みんな怪訝《けげん》そうな顔をして距離を取っていたのですが、いざコスプレしてみると、あっという間に写真撮影の対象になりました。「変人扱い」から「ゆるキャラ扱い」に変わり、僕とウェイウェイと斎藤の周りは、人だかりが絶えませんでした。そして、この日を境に、様々な状況が変化したのです——。

地下鉄のＸ線検査を受けるウェイウェイ

まず中国版ツイッターの微博（ウェイボー）に、ウェイウェイを抱えた僕を盗撮した写真が大量に出回り、格好の笑いの種となりました。「お母さん、恋人を連れて帰ってきたよ」などのコメントをつけてリツイートするような大喜利《おおぎり》大会の様相に発展し、一時、ホットトピックになりました。

そのため、これは何か起こるかもしれないと期待し、斎藤が撮ってくれた動画を編集、中国人の友だちに頼んでビリビリ動画にアップしたところ、あっという間に火がついてしまいました。

「なんか変なヤツが上海に現れた」

「どうやら、こいつは日本人らしい」

「ＨＥＮＴＡＩだ！　日本から本物のＨＥＮＴＡＩがやってきた！」

ペリーかよ。ペリー来航で騒がしくなる浦賀《うらが》港よろしく、中国ネット界の一部がザワつき始めました。

この動画の再生回数は、なんと一週間で二〇万回を超え、ビリビリ動画のランキングでも上位に食い込み話題になりました。まさに予想以上の反響です。

ものすごく嬉しい反面、僕は一方で、リスクに関してもずっと気になっていました。それが、日本人に対するマイナス感情です。この先、有名になると、見えない力が働いて生活に支障をきたすのではないか、いわれのない罵詈雑言《ばりぞうごん》を浴びせられて精神がズタズタに傷つけられるんじゃないか、と。

もちろん、そういうものを覚悟のうえで中国に来たので、心の準備はできていました。が、やはり嫌われたり汚い言葉を投げつけられたりするとシュンとしてしまうのが人間じゃないですか。なので、しばらくはコメントを見るべきか見ないべきかためらっていました。

ちょっと迷ったのち、勇気を出して、辞書を片手にその動画へのコメントを見てみると、驚きの一言です。一例を挙げると、「変態だ」「おまわりさん、この人です」「狂ってやがる」「謎の感動」「母さんが泣いているぞ」などの惜しみない賛辞（？）であふれているではありませんか！

微博を開いてみると、「お前と友だちになりたい」「どうしてあんなことしてるの？」などのコメントであふれており、三〇歳手前にして、異国の地で人生で一度目のモテ期の到来を実感しました。

「失うものは何もない！」と思い切って取った行動でしたが、そこから三つ、想像以上に大きな収穫を得られました。

一つ目は、自分の狙いがあまりズレてないと分かったこと。つまり、中国の若者に刺さるなと思ったアイディアが、しっかりと刺さったことです。二つ目は、中国人がこうした表現に対して比較的寛容であることが分かったこと。そして三つ目は、何より国を越えて、バカなことで通じ合える若者が中国にもたくさんいると分かったことです。

正直、どれも日本で抱いていた中国のイメージと違っていました。何せ中国では、基本的に日本人は嫌われていると思っていましたし、こんな過激でシュールな表現は規制の対象だと思っていましたから。でも実際は、それどころか、この件をきっかけに中国ネット上の若者が僕を歓迎してくれて、仲間に入れてくれ、答えきれないくらいの質問を投げかけてくるようになったのです。

僕が中国ネット上をメインに表現を始めた初めての日本人ということもあり、物珍しさも相まって、多くの人が僕のところに集まってきました。

「日本の高校生活はアニメと同じように楽しいのか？」

「本当に小学生から化粧したり恋愛してるのか？」

「いまでも男尊女卑は強いのか?」

などなど。悪意のかけらなんて微塵《みじん》もない日本に対する疑問が、どんどん僕に届きました。

ファンたちが反日勢力を排除

でもある日、コメント欄に、「日本人は早く中国から出て行け」という趣旨の書き込みが現れました。ああ、ついに来たかと思い、どう返事しようかとしばらく悩んでいると、すぐさま別の中国人がそのコメントに対し、「場をわきまえろ」「お前が嫌なら山下のところに来るな」「失礼だろ!」などと返信……こうした意見があふれ、結果、僕のファンたちが反日勢力を全力で追い払ってくれたのです。

呆気《あっけ》にとられている僕には、ファンからダイレクトメッセージが複数件届きました。そしてみんな一様に、「こういう奴もいるけど、中国のこと嫌いにならないでね」といってくれたのです。

その瞬間、中国人に対してどこか敵対意識を持ち、斜に構えていた自分が、恥ずかしくなりました。こんなにピュアで優しい中国の若者たちに対し偏見を持っていたことを、猛烈に反省したのです。嫌われると思っていたのに、ここまで優しくしてくれるなんて、ずるいじゃないかよ、と――。

その晩は、自分の部屋でウェイウェイと二人、嬉し泣きしながら弾幕付きの自分の動画を何回も観て、朝まで下手な中国語でコメントを返しまくりました。奇《く》しくも、価値観をひっくり返しに来た僕が、逆に価値観をひっくり返されてしまった夜です。

そのとき僕は、クールでかっこいい日本もいいけれど、おバカな日本のほうがもっと、若者の心をつかめるんだな、と実感しました。そう、僕がやるべきはクールジャパンじゃなく、「フールジャパン」なんだ、と。それを心に決めた夜でもありました。

自主制作ドラマが起こした奇跡

フィクションのディアオスーのサクセスストーリーを描くつもりだったネットドラマでしたが、先述のように実際に僕の身の周りで起こったことが素晴らし過ぎたので、このドラマはそうしたノンフィクションの要素を入れ込んで作ってみることにしました。脚色する必要のない奇跡がそこでは起こっていたし、彼らの僕に対する好意に対して誠実であろうと思ったし、多分それがいちばん響くと思ったのです。

とはいっても、僕は放送学科から逃げ出した男。映像制作の経験などまったくありません。先述したデート動画こそ自分が初めて一から編集した動画だったので、その経験の少な

「日本屌丝」の発表会（撮影師TIM）

さは想像できるかと思います。

準備には、かれこれ一年かかりました。なにせ中国にはまったく友だちがいないので、何から何まで自分でやる必要があったのです。構成を考え台本を書いて、絵コンテを作って動画編集の勉強をして、テーマ曲を作って……勢いがないと作れないと思ったので、細かいことは考えずに、学校以外の時間をすべて制作に注ぎ込みました。

そこで僕を助けてくれたのが、いまも一緒に動画制作をしている宮崎壮玄《みやざきたけはる》さんです。早稲田大学大学院からの交換留学生として僕の通っていた上海大学に来ていたのですが、専攻が中国の現代文学、つまりネット上のライトノベルやそれにまつわる二次創作だったことが分かり意気投合。しかし第一印象は、なんかチャラい見た目でいけすかない奴、でした。

あとから分かったことですが、「僕たちは絶対に仲良くなれない」と思っていたのは、どうやらお互いさまだったようです。ところが現在では、二〇一六年三月から彼や他の仲間と同居し、動画制作や様々なコラボを一緒に画策しています。

この宮崎さんにはドラマにも出てもらいつつ、役者探しやロケハンなどを精力的に手伝ってもらいました。中国語が僕の六万倍くらい上手なので、本当に助かりました。鳥本さんも、カメラマンやスタッフを紹介してくれたり、サッカー下手のファラオ役で出てくれたりと、様々な形で協力してくれました。

かくして、一話約一〇分、計一〇話の自主制作ネットドラマが完成しました。そうして鳥本さんのはからいで上海の某クラブを借り切って制作発表会をしたところ、なんとビリビリ動画が「ぜひ契約したい」と名乗りをあげてくれたのです。二〇一四年七月から計一〇週にわたって強力プッシュのもと、公開してくれることになりました。

結果、第一話はビリビリ動画だけで、一三〇〇万再生を記録。シリーズでは六〇〇〇万回再生を記録しました。

ドラマの出来については、やはり素人《しろうと》レベルを超えられませんでしたが、不器用ながらも詰め込んだメッセージが、たくさんの視聴者に届いたのではないかと思います。もし興味がある方がいらっしゃいましたら、どうぞ見てやってください。ビリビリ動画で「日本屌丝」と検索すると出てきます。

あらすじは、こうです。中国人の彼女にフラれた山下が、先輩の宮崎さんに騙《だま》されて空気人形を購入（と、ここまではフィクションですが）、そこからウェイウェイとの共同生活とコスプレデートを通じて中国で有名になっていく模様を描き、ラストはウェイウェイを選ぶか人間の恋人を選ぶかの二択に迫られ苦悩する——。

いわずもがなですが、後半もフィクション。現実をそのまま描こうとしたのですが、女性が一人も出てこない非常に汗臭くて残念なドラマになってしまうので、盛らせていただきました。

結果、このドラマが、ビリビリ動画での山下智博の知名度を押し上げてくれました。まさに奇跡のような展開……なんで素人の作品にここまでしてくれるんだよと、ここでもまた感謝の気持ちが止まりませんでした。

再生一〇億回の動画の内容とは

ネットドラマ「日本屌丝」のあと、気が向くと様々な動画をアップして過ごしていました。また同時に第二弾のネットドラマをやらないかという話もあり、それに向けて準備を整えていました。

しかし、ネット社会というものは流行の移り変わりがものすごく早いのです。一つのネットドラマが注目されたからといっても、数ヵ月後には別の新しい動画が流行し、古い動画は忘れ去られてしまう。せっかく押し上げてもらった知名度を生かさないと損だと考え、思いついたのが、ユーチューバー系の毎日更新するスタイルの動画制作でした。

日々、大量に、僕のところに中国の若者から寄せられる日本への疑問や質問に答えたり、日本の流行やネットで話題になっているトピックスを紹介していく情報番組「绅士大概一分钟（紳士の大体一分間）」を企画し、二〇一四年一二月二四日から毎日、更新するようにしたのです。

番組では、曜日ごとに異なるテーマを設けました。月曜日は「ファンの質問に答える日」、火曜日は「日本のホットトピックスを紹介する日」、水曜日は「宮崎さんのワイルドクッキング」など、曜日ごとにできるだけ差をつけました。そして、ときどき中国人が疑問に思う「日本の学校生活」「恋愛事情」「ホストやモザイク職人など変わった職業」「年齢別お年玉の平均額」などをピックアップして紹介し、中国人が学校では習わない等身大の日本を、面白おかしく紹介することに努めました。

すると、当時はまだ中国のネット番組といえば週に一回更新するのが普通だったので、これもあっという間に注目を集めることに成功しました。しかも、毎日顔を出して動画を更新する人、ましてやそんな外国人など存在しなかったので、こうしたタイミングも僕の味方をしてくれました。

結果、半年経つ頃には総再生回数が一億を突破。八万人ほどだった微博のフォロワー数も三〇万人を超え、二〇一七年秋の段階で総再生回数一〇億、フォロワー数も一〇〇万人を数えるまでに成長しました。

さて、中国ネットでどんな企画が人気かというと、やはりゲーム動画です。でも、ゲーム動画では、やはり会話が命。中国語で気の利《き》いた言葉などいえないので、早々に諦めました。あとは体を張った面白企画も人気ですが、これは日本人であることが生かせないということで断念。そこで僕が選んだのが「日本」に特化する戦略でした。

たとえば「秋葉原もいいけど池袋の乙女《おとめ》ロードが面白い！」とか、「日本には女装する人向けのレンタルロッカールームがある！」とか、「日本の公務員の給料はこれくらい！」とか、「日本人女性が魅力を感じる異性の仕草トップ3《スリー》！」とか、「リア充とディアオスーでこんなに違う日本の夏祭り！」など、実は他愛のないものが多いです。でも、こうした話題こそ、実は僕の元にたくさん質問が寄せられていたのです。

当時の動画は基本的に僕が自分で資料を集めて調べ、中国語の台本を書き、発音の練習をして、部屋のなかで座って撮影、その後、自分で編集して……という作業を毎日繰り返していました。それでも見てくれる人がどんどん増えていくのが嬉しくて、疲れも忘れました。加えて、弾幕があるから中国の「笑いのツボ」も分かるので、それがまた新鮮で興味深く、ハードな作業を学校に通いながらこなしていました。

その後、何度かのマイナーチェンジと新メンバー加入などを繰り返し、現在は更新頻度を二日に一回程度に落としました。そうして、空いた時間を新しい企画やリサーチ、コラボやファン交流イベントなどに使いながら過ごしています。

中国では、もちろん毎日動画を更新することも重要ですが、それ以上に、言葉の練習や情報収集、そして人との交流が重要です。時間をどう使えばいいのか、本当によくよく考えるようになりました。

「紳士の大体一分間」成功の秘訣

この番組がうまく成功した理由は、中国の若者が知りたい「知られざる日本」をうまく形にできた点と、あとはメンツの国・中国に自虐《じぎゃく》キャラを定着させたことが挙げられると思います。が、いちばん効果があったのは僕のキャラクターではないかと、中国人の知り合いが分析してくれたことがあります。

中国人の親友Qくんと

彼いわく、いままで中国に来る日本人は大体、有名人で身近に感じることがなかったけれど、山下の場合は「友だち」としてフランクに接することができる。だから人が集まってきたのではないか。そういうのです。

褒《ほ》められていると思って話を聞いていたのですが、彼はこんなこともいいます。

日本の芸能人に対して下ネタはいえないし、「最近ハゲた」とか「ブサイクだ」とか「頭が脂っぽいけど風呂入ってんのか?」とか、そういうイジりができない。が、お前には何の遠慮もなくできる（絶対に褒めてないだろ?）。お前がどういうふうに有名になったのかはみんな知ってるし、中国語を真面目に勉強して少しずつ上手になっているのも知ってる。正直、字幕がないと何を話しているか聞き取れなかったけど、必死に何か伝えようとしてくれるのは事実だ。その過程をみんなが見てるから応援したくなるし身近に感じるんじゃないか。そういうのです。

なるほど、みんなは孫の成長を暖かく見守るおじいちゃんやおばあちゃんの気持ちで僕のことを見ててくれたんだなと、妙に納得しました。でも考えれば考えるほど、いろいろな要素が絡み合った結果の成功だったので、本当に奇跡としかいいようがありません。

もちろん、僕一人でつかんだ成功でもありません。ドラマを一緒に撮った宮崎さん以外にも、ドラマに協力してくれただけではなく、動画を作り始めたばかりのときから親身になってサポートしてくれている、Qくんという上海人がいるのです。彼のサポートがなければ、恐らくこんなにも成功していなかったでしょう。

このQくんは、もともと自身がゲーム実況の配信者で、得意な日本語を武器に日本のゲームを中国人向けにプレイしており、特にホラー系のゲーム実況で見せる絶叫が大人気でした。「紳士の大体一分間」のかなり初期の段階から週に一度、番組に出演し、ずっと支えてくれています。上海人なのですが、幼い頃から「スラムダンク」「機動戦士ガンダムSEED」などの日本アニメを観たり、「ファイナルファンタジー」など日本のゲームをやり込んでいたおかげで、変な関西弁まで紡《つむ》ぎ出すレベルの日本語を習得できたといいます。

嘘みたいな話ですが、専門教育を受けていなくても日本語を流暢《りゅうちょう》に操る中国の若者はたくさんおり、彼らのほとんどが口を揃え、日本のコンテンツを見ているうちにいつの間にか話せるようになった、といいます。驚きですね。

さて、罰ゲームをかけて真剣勝負をしたり、お互いをバカにし合ったりするQくんとの週一回のコラボ動画「QくんとＰｌａｙＰｌａｙ」はとても人気が高く、ファンからも「日本人と中国人がこんなに仲良く遊んでいることに笑いながらすごく感動した」という嬉しいメッセージがたくさん届きます。僕のまったく予想していない効果が生まれていました。

確かにいま、日中間では、お互いを攻撃するようなことはタブー。それなのに僕とQくんは互いに罵《のの》り合ったりする仲で、自由にやっています。それが新鮮に映ったのかもしれません。

たとえば罰ゲームでお尻を叩くときなんかはお互い本気で叩きますし、そのためにゲームも本気でやります。するといつの間にか、僕たち二人のあいだには阿吽《あうん》の呼吸みたいなものが生まれ、打ち合わせをしてから行っていたゲームも、最近では打ち合わせなしで面白いことが発生するようになりました。そういう意味で、Qくんには、一生感謝してもしきれません。

そして、僕が有名になっていくにつれて、本当にいろいろな中国有名人が応援してくれるようになりました。コスプレイヤーのシェリーさんも、かなり早い時期から番組に参加して

コスプレイヤーのシェリーさん（阿远KARASU）

くれています。二〇一六年くらいから日本で一気に人気が出て、いまでは年に数回コスプレ関係のイベントに招待されているみたいです。ものすごく可愛い人なので、ぜひチェックしてみてくださいね。

その他にも、中国トップクラスの男性コスプレイヤー小小白さん、中国の「踊ってみた」で毎回一五〇万回再生くらい叩き出す有名な踊り手の咬人猫（ヤオレンマオ）さん（僕の女神です）も、とても優しくしてくれます。

また、Qくんつながりで僕が有名になる前に知り合った、ゲーム実況で有名な人たちも、何かあったらすぐに協力してくれます。

日本文化が好きな人に悪い人はいないんじゃないかって思うくらい、本当に、僕は人に恵まれていると思います。

実は当初、中国人とコラボしても僕の中国語が下手すぎて、放送できなくなるような事故ばかりが起きていました。僕がいっていることが伝わらなかったり、相手のいっていることが聞き取れなかったりで、コラボは敬遠していたのです。

ただ、最近になって僕の中国語が比較的マシになったこともあり、いろいろな有名人と一緒にコラボしつつ、情報交換をすることができるようになりました。そうすると、かなり昔から僕の動画を見てくれていたという有名人に出会えたりして嬉しいですし、彼らもすごく協力してくれます。

結果、彼らのファンがまた僕の動画を見にきてくれて、お互いのファンが増えていくという好循環が生まれるのです。

しかしやはり、いちばん大事だったことは、「真剣に中国のことを知りたい」「何とか日本のことを伝えたい」という気持ちを、逆に、ふざけた動画に乗せたことでしょう。歌が上手でもなく、ダンスがキレキレでもない、つまり一芸に秀《ひい》でていない普通の人間が異国で成功するかどうかの鍵は、現地の視聴者が食べているものを食べ、一緒に流行《はや》りの動画を見て、彼らの言葉で交流する「共通体験」にあります。

とはいっても、僕の最終目標はまだまだ先にあるので、いつかそれを実現し、助けてくれたみんなにしっかりお返しができたらなと思っています。

ニューヨークではファン五〇人が

「紳士の大体一分間」はビリビリ動画のほか、中国国内の主要動画プラットフォームの複数で同時展開しています。それに微博（ウェイボー）、微信（ウィーチャット）などのSNSを組み合わせ、できるだけ多くの人にリーチするようにしています。

その結果、これまで合計一〇を超すプラットフォームでの合計動画再生回数は、二〇一七年秋時点で一〇億回に迫り、おかげで上海でも東京でも、いろいろなところで、僕を知っている人に会う機会が増えてきました。

イベントなどに呼ばれることも多いのですが、いちばん印象深かったのが、あるイベントに来た大学生くらいの男の子が、僕に会った瞬間、突然、涙を流し、「ああ、なぜ涙が止まらないんだ！」と泣き崩れたシーンです。ちょうどテレビ東京の「未来世紀ジパング」の取材中だったので、彼は泣き顔を日本全国に晒《さら》されたわけです。

あるときなど、イベントの移動中にファンが押し寄せてきて、主催者が僕にボディガードを七人も付けてくれたこともありました。また、イベントでサイン会が始まれば何百人もの列が生まれ、三～四時間ひたすら握手とサインをし続けることも珍しいことではありません。

「未来世紀ジパング」（テレビ東京）の映像

もちろん、こんな体験は人生で初めて。普段、インターネットのなかで活動している分、こういうオフラインでのファン交流はものすごく重視しています。そして僕自身も、実際に視聴者のみんなに会えると、大きなエネルギーをもらえます。これからも、時間の許す限り参加したいと思っています。

さらに二〇一五年には、動画サイト「土豆（トゥードウ）」主催のイベントで、最優秀コメディ番組賞をいただく光栄に浴しました。このイベントは八回目でしたが、外国人が受賞したのは初めてだったそうです。

続く二〇一六年には、ＹＯＵＫＵのオウンメディア一〇〇選に選んでいただき、トロフィーを拝受しました。ロックシンガーなら叩き割ったりしちゃうんでしょうけど、僕の家には、ものすごく丁重に飾ってあります。

ニューヨークのファンたちと

オフラインのイベント以外にも、たとえば他の人気ネット番組のゲストに呼んでもらったり、中国のゲームの声優をやらないかというお誘いを受けたり、ネットメディアのインタビューが来たり、知らない同人ゲームのなかで僕の顔が使われ始めたり、そして僕が主人公の破廉恥《はれんち》な漫画が勝手に作られたり……こんなファンカルチャーも生まれてきました。

ちなみに、とあるネットショップでは、僕の顔のお面を四元で売ってます（安っ！）。

また二〇一七年の春には、友人を訪ね、アメリカのニューヨークに遊びにいったのですが、そのついでに現地にファンがいるかどうか微博で聞いてみたことがあります。三〜四人いれば一緒にご飯でも食べていろいろと案内してもらおうか、などと考えていたのですが、五〇人くらいの人が

「ニューヨークにいるよ！」と、返事をくれたのです。結局、そのなかの二〇人くらいと簡単なファンミーティングを開いたのですが、ちょっと驚いたというか、感動しました。

そういえばオーストラリアに行った際にも、街中でたくさんの中国人ファンと遭遇しました。世界中に中国人がいるとよくいわれますが、海外留学している中国人学生たちが僕の動画を見てくれているのは、本当に励みになります。

中国で動画を始めて四年、最近は、僕の動画を大学生の頃から見始めたという世代が就職し、僕と仕事をしたいとメッセージを送ってくれることも増えました。なるほど、こんなことまで起こってくるのか、と驚くと同時に、このまま行くと将来、僕は彼らに食わせてもらえるんじゃないかという、淡い期待も生まれました。中国の若者たち、頑張ってくれ！

と、こうしたことの積み重ねで、動画関連のお仕事の話もたくさんいただけるようになりました。中国企業からはもちろんのこと、「中国人観光客に情報を届けたい」という日系企業からも相談を受けることが多くなり、自分のやりたいことと仕事がうまく結びついてきたと実感しています。

無印良品と抗日ドラマ並立の理由

こうして僕が中国で受け入れられていく一方、日本のネットをちらりと覗《のぞ》くと、あまりに中国に対する印象が悪く、暗い気持ちになります。アメリカの調査機関ピュー・リサーチ・センターが二〇一六年九月に発表した調査結果を見てみると、「中国が好きではない」と答えた日本人は八六％にものぼり、絶望的な気持ちになります。

かくいう僕も、もともと中国には興味すらなく、何となく付き合いづらい国なのかなあ、と思っていました。が、それにしても、僕が体験している中国と、日本人が抱く中国のイメージには、これほどまでに大きなギャップがあるのだなと、その現実を受け止めるだけで精一杯です。

では、中国人から見た日本はどうでしょうか？　同調査によると、中国人の八一％は日本に対して「日本が好きではない」と回答したそうです。依然、高い数字ではありますが、前年度からは下がっており、日本に対する印象は良くなっています。この数字に僕も貢献できていたとしたら、本当に幸せです。

僕は中国の親日コミュニティのなかで生活しているので、日本に好感を持っている人が多いと感じるのは当たり前です。が、それでも日本のものに対して良い印象を持つ人はどんどん増えてきている印象があります。

たとえば近年、中国ではユニクロや無印良品の躍進が目覚ましく、お洒落《しゃれ》にあまり興味のないQくんが「無印はお洒落でいいよね！」と急に色気付いて、僕たちは爆笑しました。日本の電化製品への神話は盤石《ばんじゃく》ですが、今度は衣料や雑貨への関心が高まっています。日本のことが嫌いでも、日本製の炊飯器を使っている家庭が多いのは、中国人がよく使う笑い話です。日本の優れたコンテンツとプロダクトが、中国人の心を軟化させているのは、紛れもない事実なのです。

しかし一方で、中国のテレビで相変わらず抗日ドラマが流されているのも事実です。大学の印刷所の愛想の悪い陳《ちん》おばさんは、ほぼ毎日観ていました。もしかしたら日本人の僕だけに冷たいんじゃないか、と他の国の留学生に聞いてみたところ、どの国の留学生にも平等に冷たい人として有名でした……ああ良かった。そういう意味では、単純にドラマとして、そしてエンターテインメントとして捉えているのだなと窺《うかが》えます。

若い人なんかはもっとドライで、小さい頃から観せられて、学校でも観せられることから、「抗日ドラマは教材だ」というイメージが強く、拒否反応を持っている人も多いのです。抗日ドラマよりも「ONE PIECE」のほうが面白いし学べるものが多いと、しれっといってのけるのが、現在の中国の若者です。

僕が抗日ドラマに興味を持って調べ始めたときも、「そんなの観なくていいよ」と気を遣ってくれたのは中国の若者。でも調べてみると、いろいろ面白い。たとえば、抗日ドラマには、お約束となったストーリーがあります。つまり、強敵日本軍に押されるけれど、八路軍《はちろぐん》が知恵をひねりだして協力し合い、最後は日本軍を撃退する、というストーリーです。それをどう描くかということを長らくやっているのですが、これって日本でいうところの「水戸黄門」や「ウルトラマン」の世界ですよね。

ただ、マンネリ化を打開するため、二〇〇〇年前後からエンターテインメント化が進み、とある問題作が生まれました。なんと、中国八路軍が素手で日本兵を切り裂いて勝利を飾るという映画が話題になったのです。もう孫悟空《そんごくう》もびっくりのチート級の強さです。

でもさすがに、「そんなに強すぎちゃマズい」という指導が入って、そのドラマは放送中止になったそうです。これはこれで、ちょっと見てみたいですよね。

最近の抗日ドラマは、単なる勧善懲悪《かんぜんちょうあく》ではなく、複雑な展開となっている印象です。観ていて愉快なシーンばかりではありませんが、見始めると止まらなくなります。印刷所のおばさんが留学生の相手をするのが面倒になる気持ちも分かります（ね、陳おばさん）。

ちなみに、これだけ抗日ドラマがたくさん作られるのにも、ちゃんとした理由があります。というのは、中国にも放送コンテンツを審査する日本の映倫のような機関があります。そこの許可を得なければドラマや映画は放送できません。海外のドラマは年に何本放映できるかも、その機関によって決められます。もちろん政府との結びつきが強いので、政府の意向を如実に表すのですが、そういう意味で抗日ドラマは審査を通りやすい、そんな裏事情があるのです。

ということは、才能ある若手映像監督が自身の出世のために抗日ドラマを撮らざるを得ない、という現状もあります。ぜひ、こうした事情を頭の片隅に入れておいてください。

歴史観の不一致を認める中国人

とはいえ、日中の政府間の歴史観が一致することはありません。そのことは、中国の若者なら、みんな分かっています。自分の国が不利益を被ることは避けたいと思うでしょうし、隣国同士の衝突も逃れることはできません。結局、国同士で話しても結論は出ないし、じゃあ民間交流やっていくしかないよね、という話に落ち着きます。なので、僕の周りの日本好きな人たちは、「政治と文化は別物」という暗黙の了解のもとで楽しく交流しています。

じゃないと、お互いの国の文化を心から楽しむことはできません。中国の若者は、日本のコンテンツは政治的問題と区別しても楽しむ価値がある、と捉えているのです。

我々の先人たちが積み上げてきた日本コンテンツには想像以上のパワーと影響力があるのだと、心から実感させられます。

さて、中国の日本好きな若者の考え方は、いくらか理解していただけたでしょうか。すごく日本好きな有名ブロガーも、国家間の問題が起こったら、やっぱりブログで中国側を支持します。どれだけ日本のことが好きでも、やはり中国人としてAPA HOTELの歴史読本の件（後述）はリツイートしなくてはいけないのです。それなのに、その五分後には日本の化粧品を絶賛していたり……というのはよくあること。高校生でもきっちり使い分けています。

日本好きの中国人と触れ合う際のヒントになるでしょうか？

第三章　日本文化を渇望する若者たち

スマホとネットで激変の中国

ゼロ円で様々なコンテンツを自由に鑑賞できてしまうインターネットの登場が、アニメ好きを増やした一番の要因ですが、二〇一二年に上海に来た頃は、Ｗｉ－Ｆｉ環境がまだ整っておらず、スマートフォンも動画鑑賞に堪《た》えうるようなものではありませんでした。携帯の3Ｇ回線も高額で、当時、僕も紙の地図を持って出歩いていたのを覚えています。

二〇一六年一二月の中国インターネットの普及率は、全土で五三・二パーセントで、人口にすると約七億二〇〇〇万人といわれています。参考までにいうと、二〇一二年の数字は四二・三パーセント。この間の四年で約一〇ポイント、人口でいうと一億強の伸びがあったことになります。

近年の中国インターネット事情は、大きく様変わりしました。スマホ本体については、小米（シャオミ）など格安機種を出すメーカーが台頭し、一気に多くの人がスマホというデバイスを手に入れました。

そうすると、風景も一気に変わります。地下鉄車内で、スマホを片手に映像を見たり、ゲームをしたりする人が格段に増え、タクシーはカーナビを付けるのを飛び越えて、携帯のナビ機能を使うようになりました。そこらじゅうで中高年の人もボイスチャットやビデオチャ

アジア太平洋諸国のインターネット人口（2017年3月末）

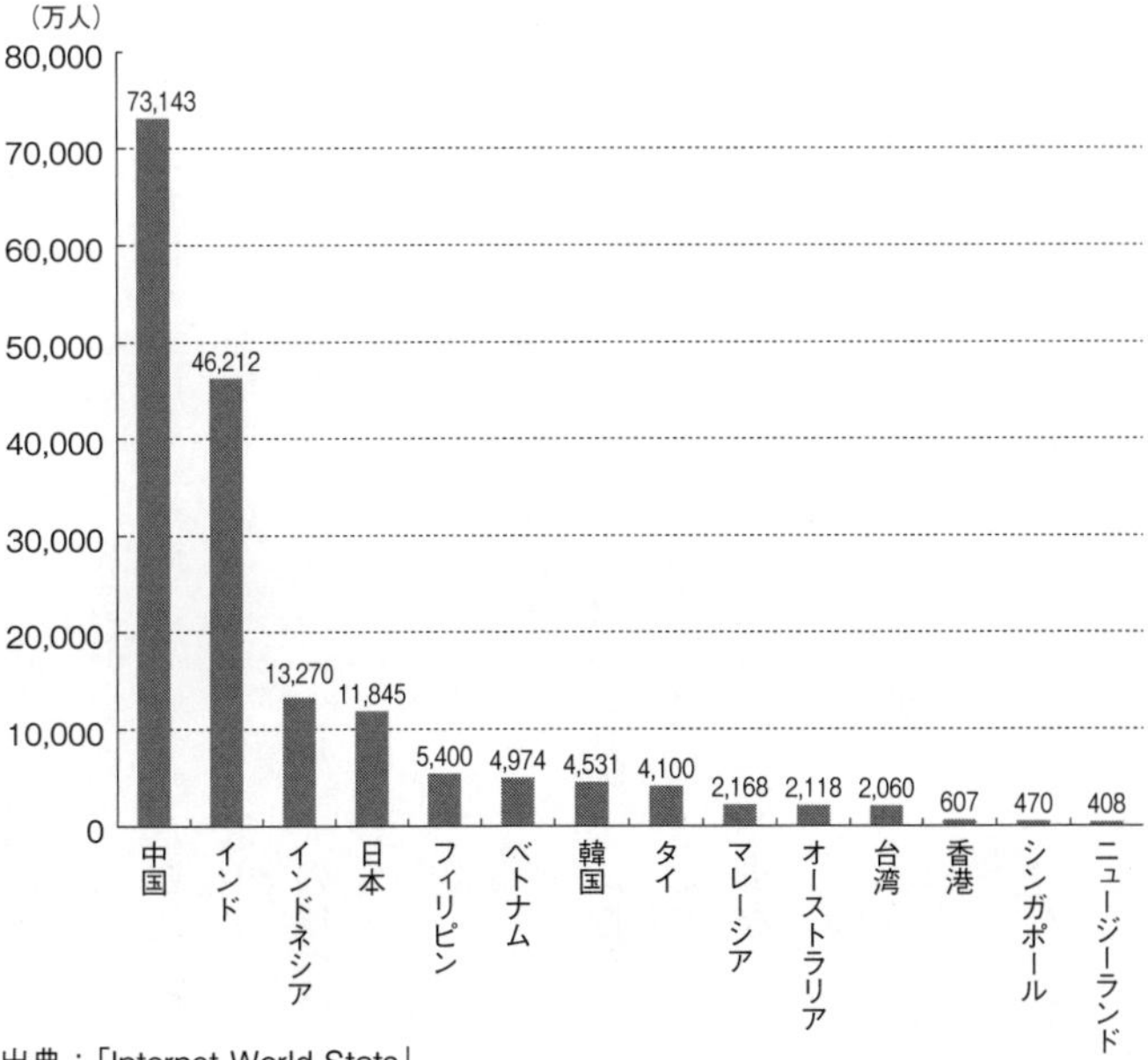

出典：「Internet World Stats」

ットを楽しんでいます。

市内で拾えるフリーWi-Fiも増え、自宅でダウンロードした動画を持ち運びする必要もなくなり、その場で好きな動画を見られるようになりました。いまではもう、ネットありきの生活が日常となり、朝起きて来ない子どもを起こすには、「Wi-Fiルーターの電源を切ればいい」という冗談《じょうだん》まで飛《と》び交《か》うようになりました。

日本でADSLから現在の状況までの約二〇年間に起こったことが、中国では一〇年くらいで再現されている。そして、まだ七億人がネットを使っていないというのだから、恐ろしい限りです。

そして僕たち日本人にとって驚きなのが、たとえ四〇代や五〇代の主婦であっても、様々なネットサービスを駆使していることです。電子マネーやオンラインショッピングなど、時代の変化にうまく適応していく能力は、日本人の比ではないなと、驚かされることが多いです。

日本コンテンツと中国の相性は？

国の文化政策という面で、よく日本と韓国の比較がされます。実は中国でも、韓国系の番組やタレントなどが人気です。韓国が、国策として、自国のコンテンツを輸出しているのは有名ですが、中国とのあいだに歴史的な摩擦が少ないこともあり、国レベルでコンテンツの輸出をしています。

一方、日本人は、中国のテレビとは恐ろしいほど相性《あいしょう》が良くありません。基本的に出演できないことが多いです。

近年だと、俳優の矢野浩二《やのこうじ》さんが湖南《こなん》テレビの人気番組「天天向上」の司会を務めたことで話題を呼びましたが、そうした重要なポストを任される日本人というのは、本当に限られています。というのも、日中関係に何か起こった際に槍玉《やりだま》に挙げられてしまう可能性があり、すると番組側の誰かが責任を取らなければいけないからです。

これが、まさに中国人が日本人とつるむことで覚悟しなければならない、チャイナリスクならぬ「ジャパンリスク」です。

ところがインターネットになると状況が変わってきます。いま僕は中国ネット界で目立つ存在となりましたが、現状、日本人だからという理由で不都合《ふつごう》が生じることはほとんどありません。なぜなら、自らのメディアを持つことができたからです。

ビリビリ動画を例にとってみましょう。ある日、たとえ日中間に問題があったとしても、そこにはいつもと変わらずアニメがあります。いつもと変わらず、自分の好きな動画制作者の動画があります。日本でいえば、それはテレビ東京のように、いついかなるときでもビリビリ動画はビリビリ動画なのです。

そのおかげで僕もまた、いつの日でも、山下智博として振る舞うことができます。毎日更新していると、更新日が日中間の歴史的な記念日と重なることもあります。それでも僕は、いつもと同じように動画を更新しましたし、それで問題も起きませんでした。

中国ネットの表現規制は意外と寛容で、エロ、政治、歴史などの微妙な問題に積極的に触れない限りは規制の対象にならず、そうした点では、あまり日本と変わらない気がします。

つまり、これはどういうことでしょうか？　日本のコンテンツは、もともとテレビで放映されることが少なかったため、その大半が政治的な問題の影響を受けづらいネット上にあります。テレビは映像を一方的に流すメディアですが、ネットは自ら情報を探しにいくメディアです。そう考えると、ネットベースでファンを増やしてきた日本のコンテンツは、すでに一定数の能動的なファンを擁していることになります。

幸か不幸か、かなり初期段階からそうした状況だったため、テレビで楽しめない日本コンテンツが集積するビリビリ動画のようなファンサイトがネット上に作られ、そこにアクティブなネットユーザーが集まり始め、その輪をどんどん広げていったのです。

しかも彼らは、先述したように、国家間の問題があっても、「それとこれとは分けて考えよう、いまはとりあえず最新のアニメを見ようじゃないか」といって、二次元の世界に潜り込んでいきます。つまり、本物の日本コンテンツファンです。これは、実は、とても頼もしいことなのです。

さらに最近では、ネットの影響力がテレビを脅《おびや》かし始めています。規制の多いテレビと、表現にある程度の自由が許され、刺激的なコンテンツが豊富なネットとでは、若者がどちらを選ぶかは明白です。

まだ日本でテレビが強い影響力を保っているのは、テレビに表現の自由が許されているからではないでしょうか？　なんだかんだいっても常に、斬新《ざんしん》な深夜番組や、時代をリードするゴールデン番組がある。同時に、その規模のコンテンツは、ネットには存在していない。そういう意味で、日本の若者は、ネットとテレビを自由自在に渡り歩いています。

が、中国のテレビには、日本の深夜番組のようなものは存在せず、その種のものは、すべてネット上で展開されています。ゆえに、若者のテレビ離れは日本以上に早く、今後も加速していくと思われます。

と、こんな原稿を書いているうちに、中国政府は、ネット番組もテレビ番組と同じような条件で制作すべきだというお達しを出しました。さて、これからどんな規制が敷かれるかは分かりませんが、それでも現状では、ネットと親和性の高い日本のコンテンツに追い風が吹いているような状況にあるのです。

コンテンツを作っている日本人からすると、いまが絶好のチャンスであるといえるでしょう。

日本コンテンツで盛り上がる若者

二〇一七年の夏現在、ビリビリ動画の会員数は約二億、アクティブユーザーは一・五億を超えています。会員になるためにはアニメに関する中国語の問題集をクリアするか、会員の招待を受ける必要があります。意外とハードルが高いのです。会員登録をしなくても動画を見ることができますが、弾幕を打ったり、コメントを残したり、動画を投稿したりすることはできません。

現在、会員の半数以上が一九九五年以降に生まれた世代ですが、近年会員の低年齢化がさらに進んでいるともいわれます。が、いずれにせよ、彼ら彼女らのほとんどが日本の若者文化に興味を持っています。

ビリビリ動画には、ニコニコ動画と同じようにいくつかのカテゴリがあります。アニメ、音楽、ダンス、ゲーム、MAD（動画を改編して新しい意味を作り出したもの）、娯楽、科学、ファッション、広告などなど。さらにここから枝分かれして分類されていきますが、このなかでいちばん見られているのがアニメです。

そして、このアニメカテゴリで流れているのは日本製アニメ。版権問題をクリアしたアニメが更新曜日ごとにソートされていて、深夜アニメであろうが何であろうが一列に並び、日本の公開時間に合わせて更新されていきます。僕もよく利用するのですが、好きなアニメを事前に録画予約する必要もないので、ものすごく助かっています。

その他のカテゴリは、基本的に、ユーザー投稿動画もしくは転載動画で構成されています。初期の頃は中国人で動画を作る人が少なかったこともあり、無断転載動画が跋扈《ばっこ》していました。ニコニコ動画やユーチューブで流行っている動画がそのまま持って来られていたり、自分が好きな人の動画を許可を得て持ってきたりと様々でした。結果、ここで黙認したり、推奨したり、気づかなかったりした日本人の動画投稿主は、中国での知名度が上がり、現在の中国での仕事につながっていたりします。未来は誰にも見通せません。

僕がビリビリ動画を見始めるようになったのは、二〇一三年頃。ニコニコ動画の流行動画がタイムラグほぼなしでビリビリ動画に入ってきて、中国人も日本で流行っているものを追いかけるという図式でした。日本のコンテンツに対しての憧れがどれほど強かったのか分かりますよね。

いまは中国人の動画制作者が増えて、中国人の作るコンテンツに人気が集中していますが、二〇一六年でいうと、音楽ユニット「GARNiDELiA」による楽曲「極楽浄土《ごくらくじょうど》」のダンスや、ロックバンド「RADWIMPS」による映画『君の名は。』の主題歌「前前前世」を歌ってみた動画、二〇一六年ユーチューブグローバルランキングにランクインしたピコ太郎による楽曲「ペンパイナッポーアッポーペン（PPAP）」関連の動画などは、ビリビリ動画のなかでも爆発的にヒットしました。日本産のコンテンツを自主的にここまで楽しんでくれるのは嬉しいですよね。

逆に、中国特有の進化をしているカテゴリとして挙げられるのは、ゲーム実況とMADでしょうか。ゲーム実況では、ただゲームをするだけでなく、ゲームのシーンを切り貼りして別の物語を作ったり、自分の小話に合わせて様々なゲーム動画を組み合わせて動画を作ったり、動画のコラージュが一種の表現方法として確立されています。

MADでは、映画『ヒトラー　最期の12日間』のシーンに嘘字幕を付けて、ヒトラーがあらゆることに対して怒り、悩み、意気消沈するという人気シリーズがあります。これは、ニコニコ動画では「総統閣下シリーズ」として親しまれていますね。あるいは、ニコニコ動画の「ガチムチパンツレスリング」というネタ動画に登場する兄貴、ビリー・ヘリントンなども中国で大人気です。

こうした日本人にもお馴染みの素材を使ったものの他に、中国独自の人物が人気素材として使われることもあります。話題になったのは金坷垃（ジンクラ）という肥料広告のMAD、ジャッキー・チェンの育毛剤広告のMAD、シャオミのCEOが主役のMADシャオミ、ウルトラマンなど、枚挙《まいきょ》にいとまがないほど独自のコンテンツが生まれています。

MADに関しては、どういうわけかビリビリ動画の初期から安定した人気があり、流行動画ができるたびに、職人がせっせと作品化する循環が成立しています。かくいう僕も、ありがたいことに、MAD素材として利用されています。MADは中国語で「鬼畜」といいます。もし興味があれば覗いてみてください。

このように、もともとは日本のものだったけれど、中国人が新たに違う遊び方を見つけ、新しい表現方法を確立していくことも珍しくなくなってきました。ここに、中国での表現の可能性が詰まっていると思います。引き続き注目して応援していくつもりです。

コミケは中国人の「文化祭」

アニメ、コミック、ゲームを総称して、中国ではACG（Anime Comic Game）という言葉を使ったりするのですが、この辺の盛り上がりも特筆すべきです。それが現在、中国各地で行われているコスプレ&同人誌即売会イベント（通称：漫展〈マンジャン〉）です。

皆さんは日本の「コミックマーケット」、通称「コミケ」をご存じでしょうか？　この世界最大規模の同人誌即売イベントには、ゲームやアニメのキャラクターに扮したコスプレイヤーが大集合します。そして、好きな漫画のキャラクターを使って新しい物語を二次的に創作する「同人誌」が並んだり、インターネットの有名人がブースを構えてグッズを売ったり、アニメ・ゲーム関連企業が一堂に会してブースを出したりします。お盆と年末時期に行われるのですが、来場者数は開催期間の三日間だけで延べ六〇万人にものぼります。

このイベントの縮小&中国版が、いま中国各地で開催されています。二〇一〇年、上海では、大型の漫展は年四～五回程度しかありませんでしたが、二〇一六年には倍増し、オンリーと呼ばれる一つのアニメに特化したような小規模なものまで含めると、一ヵ月に二〇個程度のイベントが乱立するようになりました。大規模なものでは、一日の開催に数万人が訪れるようなものまであります。

内容は、基本的に日本のコミケに近いと思っていただいて結構です。コスプレイヤーとカメラマンが集まり、同人誌や同人グッズを売るブースが並び、大型のイベントになると企業ブースも所せましと並び、若者でごった返します。

中国特有の部分ということでいえば、舞台が充実していることではないでしょうか。参加者が舞台上でコスプレしてダンスを発表したり、日本語の歌を披露《ひろう》したりするのです。

なかにはチームでコスプレをするだけに留まらず、原作とは違うオリジナルのお芝居を作って上演する「同人演劇」も盛んです。これは複数人からなるチームが、全員同じアニメに出てくるキャラに扮し、それらのキャラが登場するオリジナル台本を書き、全員で演じるというもの。このコスプレ演劇には相当な練習が必要なだけではなく、キャラの言葉遣いや所作まで研究する必要もあり、そこには愛を通り越した執念のようなものすら感じます。

このコスプレ演劇ですが、いまは全土に広がり、毎年夏に上海で行われる大型ゲームイベント「ChinaJoy」内にて決勝戦が開かれる盛況ぶり。そして、その優勝者が毎年、日本の名古屋で開催されている「世界コスプレサミット」に招待されるということもあり、僕の知

漫展はコスプレや自作漫画を売る若者であふれている

り合いのチームなど、事前に合宿を組んだりするほどの熱の入れようでした。ちなみに二〇一七年に行われた「世界コスプレサミット」の優勝チームは中国代表で、その際にはウェイボーなどに祝福のメッセージが飛び交いました。

それぞれのチームには、小中学生から社会人まで、学校や年齢の垣根を飛び越えた人たちが集まっており、みんなで力を合わせて台本から衣装、小道具、大道具に至るまで、役割を分担して一つの劇を作っていくのです。

中国のコスプレやグッズのクオリティを見てみると、もちろん非常に質の高いものも存在しますが、平均すると、まだ日本には及ばないという印象です。でも中国で感じたのは、クオリティどうこうの前に、会場全体に広がる「多幸感」です。二〇一〇年に初めて体験したときからずっと、漫展からは、単なるイベントとは思えないプラスのオーラを感じます。

そのことが引っかかって思考を巡らせた結果、ある一つ

有名ゲームやアニメを題材にした同人演劇（yeetree）

の仮説に辿り着きました。それは、「中国における漫展が、日本でいうところの『文化祭』の役割を果たしているのではないか？」というものです。

つまり、学校にはない自分の表現（コスプレ、同人誌、演劇、撮影など）を自由に行える場であり、学区を超えてネット上の趣味でつながった友人たちに出会える場所であり、ゲストとして呼ばれるネット有名人に会える場であり、はたまた恋が芽生える場でもあり、疎遠になっていた友だちと再会できる場でもあるのです。

第四章で詳しく触れますが、中国の学校にはそうした場がないため、漫展に向け、若者たちは一生懸命に準備する。現場では、友だちと写真を撮ってSNSにアップし、「また次回ね！」といって家に帰る。衣装の材料費も安く、日本円で三〇〇〇円もあれば、それ相応のコスプレ衣装は揃うので、経済的にも大きな負担にならない。クオリティよりも、むしろ参加することに意義がある。そう、日本でいうところの「祭り」機能を十分に果たしているように思えます。

そう考えると、中国の若者が漫展に夢中になり、たくさんの漫展が乱立する理由が分かります。漫展に行くような若者が大多数とはいえませんが、受験勉強のガス抜きに、日本文化が思わぬ形で役立っています。先述の通り、「祭り」が中国にはないので、この空間に若者が集中するという側面もあります。

これを毎回楽しみにしている中国の若者がいることを、僕は日本人として誇らしく思います。こうした日本文化を生み出し、育んでこられた諸先輩方に、僕は敬服しています。

日中のイベントで決定的に違う点

また、ビリビリ動画の本社が上海にあることから、ビリビリは毎年夏に、上海で大型オフラインイベントを開催しています。それが「ビリビリマクロリンク」というイベントです。

思い浮かべていただきたいのは、日本の「ニコニコ超会議」と「ニコニコ超パーティー」です。この二つをごちゃ混ぜにしたカオティックな空間、そう、それが「ビリビリマクロリンク」です。

二〇一五年には七〇〇〇人、二〇一六年には一万五〇〇〇人分のチケットが数分で売り切れる盛況ぶり。僕も出演させていただきましたが、数時間にわたるイベントにもかかわらず、ものすごい熱気なのです。

こうした自らが参加できるイベントの他にも、アニメ「ラブライブ！」声優陣のユニット「μ's（ミューズ）」の上海ライブ公演も、一万五〇〇〇枚のチケットが一瞬で売り切れました。日本の声優さんのイベントやニコニコ動画で有名なミュージシャンのライブも、数百人規模であれば、チケットが即、売り切れになることがほとんどです。中国に熱狂的な日本ファンがいるのは非常に頼もしいことですね、しかも人口は日本の一〇倍ですから。

皆さんが中国に来られる際には、ぜひこうした日本関係のイベントをチェックしてほしいものです。中国語ですが、「喵特（nyato.com）」というアプリが広範囲の漫展をフォローしているので、オススメです。

ちなみに中国のネット民のあいだでは、最も二次元に近い都市というものが三ヵ所あります。それは、上海、広州、そして成都。二次元に近いというのは、二次元に関するイベントや有名人が多いということで、この三都市では、それぞれ中国を代表する大規模な漫展が開催されているのです。上海の「COMICUP」、広州の「蛍火虫」、成都の「ComiDay」は数年前から実施されており、同人グッズを作る作家たちは、こうした大型漫展の開催に合わせて中国中を飛び回っています。

コスプレイヤーであふれ返るファストフード店

上海では、近年、「理想郷動漫展」や、音楽に力を入れた「Y3」という漫展も、非常に人気があります。夏には企業ブース主体の「ChinaJoy」もありますし、リアルイベントがここ数年でものすごく豊富になりました。

そうしたイベント主催者が、ゲストとして、人気動画制作者やコスプレイヤーを招待してくれるわけです。ありがたいことに、この僕も各都市のイベントに呼んでもらえ、ファンと交流することができます。そして夜には現地の特産品を食べさせてくれるので、一粒で、何度も美味しいのです。

ただ、これらのイベントが日本と決定的に違うところがあります。漫展にコスプレしに行く若者たちが、自宅や近隣の宿泊先から、衣装を着たまま会場に向かうことです！

僕が初めて見学した二〇一〇年から、この点に関してはまったく変わっておらず、大きなイベントがある日の地下鉄近隣駅や会場近くのファストフード店は、コスプレイヤーたちに占拠され、異様な空間に様変わりします。お店側としては迷惑なのかもしれませんが、店員のおばさんも、楽しそうな若者を見て愉快そうに微笑んでいます。

「こうした状況も許容範囲内となる中国って、悪くないなぁ」と感心します。なので、皆さんも、中国の漫展見学の際は、会場付近のファストフード店を覗いてみてください。

若者の憧れは桜と秋葉原と〇〇〇

「日本に桜を見に行きたい！」と、中国人のかわいい女の子からいわれると、無性《むしょう》に、隅田川でも吉野山でもいいから連れていってあげたくなります。アニメで美しく描かれる桜満開の卒業式や入学式のシーンは、中国の若者にも特別な印象を与えているようで、日本に行くなら桜を見たいという若者は、ものすごく多いです。

秋葉原に関しても、すっかり「二次元の聖地」というイメージが定着しており、若者の心をつかんで離しません。日本人からすると、中野ブロードウェイのほうがコンパクトにまとまっていていいのに、と思うのですが、やっぱり秋葉原は外せないようです。

僕の友人で、アニメが好き過ぎて早稲田大学に留学し、さらには一生懸命に日本語を勉強し、秋葉原のメイドカフェでバイトをしていたビンビンちゃんという女の子がいます。彼女は日本に来てからというもの聖地巡礼が趣味となり、好きなアニメの舞台になった場所を実際に訪れ、その旅行記を動画にしてアップしています。

彼女は東京在住なのですが、「涼宮《すずみや》ハルヒ」の聖地を求めて兵庫県へ行ったかと思うと、「夏目友人帳」の聖地を求めて九州の人吉《ひとよし》へ飛び、最近だと『君の名は。』が公開されれば翌週には岐阜に飛んだりと、仕事の合間を縫って、文字通り日本全国を飛び回っています。ものすごく模範的な日本アニメファンですね。

アニメ好きが高じて日本に留学したビンビンちゃん

もう一つ、中国の若者が憧れる日本特有の文化があります。何だかわかりますか？　実は「夏祭り」なんです。浴衣《ゆかた》を着て、露店でチョコバナナを買って金魚すくいをして、夜空に打ち上がる大きな花火を好きな人と一緒に見上げる……もちろん最後のやつは日本人も憧れますが、中国の若者はアニメを見て、すべてに憧れているんですね。

なので中国の漫展も、夏になるとそうした夏祭りを演出したりして、雰囲気を盛り上げています。まったくもって普通のコンベンションホールや体育館にハリボテの鳥居が現れるのですが、違和感はあるものの、なんだか日本への愛情を感じて暖かい気持ちになります。

〇〇〇という書き方をしましたが、彼らが憧れているのはこの三つだけではありません。グルメや日本人の学校生活、声優さんのお仕事やアニメを作る現場、中国にはない絶景など、日本は本当に多くの「資源」であふれています。外国から外国人の目線で日本を見ると、新しい発見がたくさんあります。そうしたものを体験できるようなツアーなぞ企画してあげれば、喜んでくれること間違いなしです。

パクリ商品の現在

日本人の対中イメージを悪くしている問題に、いわゆる「パクリ」があるかと思います。偽物のディズニーキャラクターであふれ返る、北京の中心部にも近いテーマパーク、石景山遊楽園のニュースを初めて見たときの衝撃は、いまでも忘れられません。

ここで皆さんに、僕の愛車の写真（次ページ参照）をお見せしたいと思います。これは、デパートの屋上なんかで子ども向けに置いてある、電気でゆっくりと動く車です。ちなみに、何のキャラクターかお分かりでしょうか。僕はこれをネット通販で購入したのですが、説明欄に「ピカチュウ」と書いてあったのを、おぼろげながらに覚えています。ギャグじゃありません！　これ、「ピカチュウ」なんだそうです。ちなみに色はオレンジですが、購入時には「ピンクもあるよ」といわれ、驚きました。

こういうことばかりではありませんが、だいたい、これが日本人の中国の「パクリ」のイメージと一致するのではないでしょうか。コピーされるたびに劣化し、劣化を繰り返しているはずが、最終的にはオリジナルの何かに変わってしまう……そんな摩訶不思議《まかふしぎ》な現象が、中国では頻繁《ひんぱん》に起こります。

愛車は「ピカチュウ」？

ちょっと違うキティちゃん、ちょっと違うドラえもんの他にも、国産アニメ「喜羊羊与灰太狼（シーヤンヤンとフォイタイラン）」もデフォルメされて市場にあふれ返っています。僕はこうした現象（つまりコピーを繰り返すことで別なものになること）に興味があって、二〇一三年頃から、折を見ては自分の審美眼を覆《くつがえ》す作品をネットショップで探しているのですが、ここ数年で、そうした贋作《がんさく》は半分以下に減っています。

ただ、やはりゼロにはなりません。本物に限りなく近い偽物《にせもの》が増えてきているという現状もあり、なかには本当に偽物と知らずにつかまされるケースも少なくないのです。

別の視点から偽物問題を見てみましょう。中国に住む一人の若者が、とあるアニメを好きになりました。グッズが欲しいのですが、公式グッズは日本でも品薄で、海外にいると買える機会すらありません。そこでネットショップを探してみたら、「日本で買ったものを送ります」という、個人輸入によって買える店を発見しました。

ところが買ってみると、何だか思っていたのとはちょっと違う。しかも送り主の住所は中国国内の……。さて、果たして、これは本物なのでしょうか。限りなく怪しいですよね。

僕が見たところ、本物にお金を出して、本当の本物を買いたいという中国人はものすごくたくさんいるのに、商品が行き届いてないという感じです。需要と供給のアンバランスがめちゃくちゃ多い。近年では、日本の会社もそれに気づき、中国向けの正規品ルートを開拓しているのを見かけます。偽物が淘汰《とうた》されていけばいいですね。

改善されつつある「版権問題」

昔は無法地帯だった動画サイト上のコンテンツも、ここ数年で、なかなかに様変わりしたことをご存じでしょうか？　近年、日本製アニメの放映権をめぐって、中国のプラットフォームが、数千万円単位で、その権利を購入しているのです。

これによって、いわゆるチャイナマネーが日本アニメの制作現場にまで届き、制作会社が黒字転換することも実際に確認されています。これまでの損失を考えるとまだまだ足りない！　と思う人もいるかと思いますが、改善に向かっていることは、まずは喜ばしい材料ではないでしょうか。

さて、ではどうして突然、こうしたことが起こっているのでしょうか。突如、中国人が、版権意識に目覚めたのでしょうか。実は、ちょっとした噂話《うわさばなし》があるので紹介します。その原因は中国の動画プラットフォームにあります。

日本では、ユーチューブとニコニコ動画が、主に利用される動画サイトかと思います。それぞれ海外のサイトと日本のサイトということで、ある程度の住み分けができていますが、ユーチューブのない中国では、国内に三〇を超える動画プラットフォーム、さらに乱立している生放送プラットフォームがあり、熾烈《しれつ》な競争を繰り広げています。画質やアップロードできるファイルの上限などの基本的な部分から、動画制作者の囲い込み、コンテンツの囲い込みなど、様々な部分で差別化を図っています。

そのなかで、より激化したのが、コンテンツの囲い込みでした。つまり、海外のコンテンツを正規に取得することで、不正に当該コンテンツを放送しているライバルプラットフォームに圧力をかけることができるわけです。この話を聞いて腑に落ちたのは、僕だけではないはずです。

版権に関し、僕の周りの日本好きの中国人は、かなり前から遵守《じゅんしゅ》意識を持っていました。二〇一五年頃から、有名コスプレイヤーの写真が無断でゲーム広告に使われ、微博を中心に話題になったことは一度や二度ではありません。が、同人の世界の若者は、日本の同人のルールを見習って創作活動をしているので、日本人の版権意識についても、他の中国人より注意を払っています。そして周囲の人たちにも、注意喚起をしています。

たとえば僕の周りで実際に起こったことを書きましょう。中国の旧正月には、日本でいう紅白歌合戦のような国民的人気番組「春晩」がある。そして中国の若者は外国人がこの「春晩」をどう思っているのか気になっており、毎年「外国人だけど春晩見てみた」という動画が話題になります。なので、「生放送で僕たちチームメンバーが春晩を見る放送をしよう」とつぶやいたところ、ファンから「版権問題があるから気をつけたほうがいいよ！」という注意のメッセージが届きました。

……いままでになかった展開だったので驚きましたが、版権意識の広がりを実感した瞬間でした。少なくとも一、二年前では考えられない反応です。

無許可でオープンした上海版「大江戸温泉物語」

娯楽施設に関してはどうでしょうか？　ちょうどこの原稿を執筆しているさなか、上海に「大江戸温泉物語」という温泉施設がオープンしました。日本でも話題になったのでご存じの人も多いかと思います。

僕は最初、てっきり日本の大江戸温泉物語が中国に進出してきたものだとばかり思っていましたが、日本のサイトで「日本企業からの許可をとっていない」と騒がれていたのをきっかけに、僕の知るところとなりました。

同業のスーパー銭湯《せんとう》の「極楽湯《ごくらくゆ》」は、いま上海で大人気です。料金は日本円で約二三〇〇円。お風呂に入る以外にも、畳の上で漫画読み放題の漫画喫茶機能や、マッサージに加えて日本食レストランなどが充実しており、数時間をゆっくり過ごすというコンセプトが中国人の心をつかみました。

ＭＵＪＩに見る人気企業の秘密

ただ、同様に「極楽湯」と名乗る偽物も現れました。この偽極楽湯は、聞いたところによると、衛生管理も水温管理もまともにできておらず、本物とはほど遠いものでした。

そんな経緯を聞いていたので、僕もさっそく大江戸温泉物語に行ってみましたが、ロゴや建築が、びっくりするくらい日本の大江戸温泉物語風でした。どういうわけか店員に聞いてみたところ、「私たちもよく分からないのです……」と、申し訳なさそうにいうばかりでした。

実際に中身はどうだったのかというと、畳フロアに大理石ブロックが埋め込まれている箇所があって、「いや、これ危ないだろ」といったツッコミどころはあるのですが、浴槽の種類や露天風呂の設《しつら》えなどは総じて清潔で、日本のスーパー銭湯に限りなく近いものでした。

名前で問題を起こさなければ、クオリティで十分に勝負できるレベルだったので、個人的には残念でした。なぜなら、僕の家からすごく近かったのです……中国で広い湯船にゆっくり浸かれる機会はほとんどないので、もろもろの問題を処理し、改名して、やり直してくれないかと切に願っています。

ユニクロが海外での売り上げを伸ばしているなか、着実に中国でブランドを確立している日本企業があります。それがQくんも大好きな「無印良品」です。日本でもお馴染みで、シックで落ち着いた色味の家具がそこそこの値段で手に入るという印象の店ですが、中国ではお洒落なショップとして日本好きの若者に受け入れられています。

中国の賃貸事情は、また日本とは違っていて、引っ越しの際に家具や家電は置いていきます。新居にもまた、前に住んでいた人が残していった家具が備えつけられており、基本的にそれを流用することになります。というか、家具は大家の持ち物であることが大半で、勝手に処分すると、退去時に弁償する必要が出てきます。

なので、自分のお気に入りの家具を買おうと思ったら、もとからあった家具をどこかに撤去して退去時に戻すという、恐ろしく面倒なプロセスが待っています。そのため、ほとんどの場合、もともと設置されていた家具をそのまま使う。なので、家具に対してこだわりを持つ中国人は少ないというのが実情です。

そこに現れたのが、無印良品のファニチャー群。家具の色味と高さを抑えたものを揃えれば、あら不思議、部屋全体が落ち着いた印象になります。マネキン買いならぬ丸ごと買いで、他とは一味違う個性的な部屋作りができるとあって、人気を博しています。

これまでは、ＩＫＥＡが家具界の王者でしたが、単品のカラフルなカラーバリエーションが特徴のＩＫＥＡに対し、無印はアースカラー。そして、体に優しくフィットする低反発クッション。あ、そうだ、僕が来た二〇一二年には、中国には「低反発クッション」といった概念は皆無で、わざわざ街の中心部の無印良品に買いにいった記憶があります。

そのときに衝撃的だったのが、値段設定。日本の一・五倍から、高いものでは二倍の値段で売られていました。なので、このときは、なかなか損した気分になりました。しかし現在の中国を見ると、その高級志向が大当たり。無印は「高くて良いもの」の代名詞として、家具というかライフスタイルに影響を与えるようなブランドにまで成長しています。

居心地の良い空間を獲得するためには、もとからあった家具を処分したり撤去したりする苦労も費用も厭《いと》わない！　とにかく素敵な空間が欲しい！　という層が、二〇代・三〇代の女性を中心に増え始めたのです。そして、一つのブランドの商品だけを使って空間自体をトータルコーディネートしていけば写真映えする空間になり、その写真がまたＳＮＳで流れて別の人に伝わっていく……口コミ力の強い中国において、独特の空間を作っていく無印の戦略は、見事にハマったように見えます。

また、こうした日本の家具やプロダクトを愛用するコミュニティがあります。皆さんは「知日」という雑誌をご存じでしょうか？

この雑誌こそ、中国で唯一お洒落な日本文化を伝える雑誌。知名度はそれほど高くありま

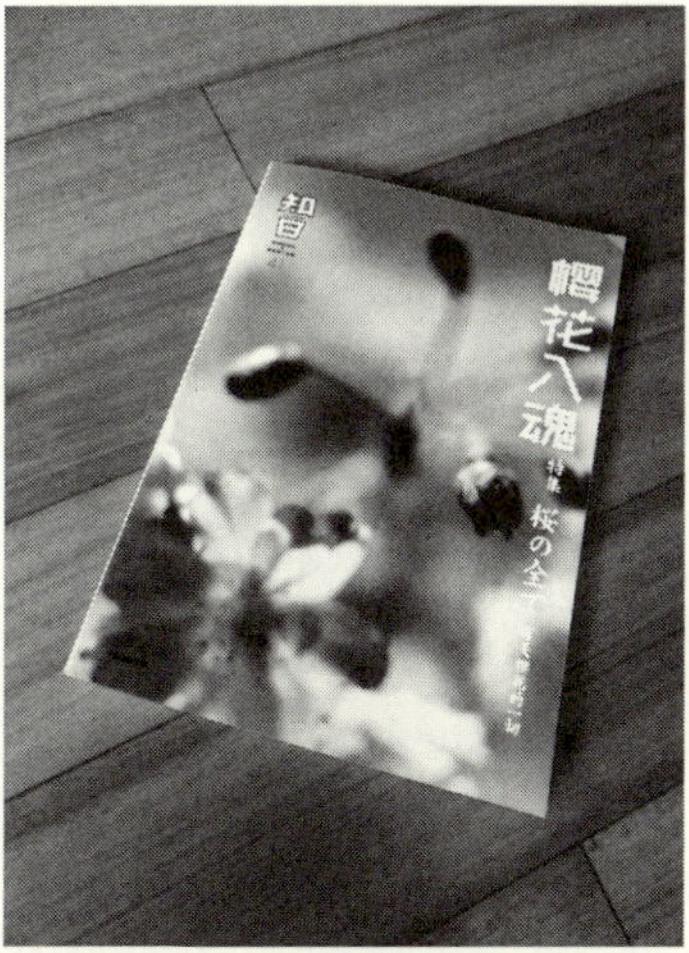

日本の文化を伝える雑誌「知日」

「知日」の漫画特集

せんが、雑誌の切り口が毎度、斬新で、特集のタイトルの「萌《も》え」や「漫画」などはまだ普通ですが、「日本生まれの漢字」「妖怪特集」「猫」、それに「暴力団」があるかと思えば、「燃え尽き症候群」の号まであって、驚かされます。

内容もしっかり踏み込んで調べており、雑誌のクオリティが高い。アニメはそんなに好きじゃないけれど日本のファッションやライフスタイルに憧れるコミュニティ、それが「知日」ファン層です。

そうです、とにかくワンランク上の落ち着いた「文化」に注目する層が読む、情報感度の高い雑誌です。なので個人的には早く「山下智博特集」が組まれることを期待しています……。

人気の日本食が中国を変える？

中国における近年の日本食の発展には、目を瞠《みは》るものがあります。二〇一二年頃まで、日本料理といえば、日本人オーナーの店でないと満足のいく味を経験できなかった印象がありましたが、現在、特に上海の日本食事情は、見違えるほど成長しています。

たとえば日本のソウルフード「カレー」。昔からＣｏＣｏ壱番屋《いちばんや》はあるものの、貧乏学生が手を伸ばすにはちょっと値段設定が高く、気軽に食べられるものではありませんでした。

パフォーマンスとグルメを融合した地球美食劇場

ところが最近は、日本式カレーを低価格で提供するローカル店が増え、ＣｏＣｏ壱番屋とさほど変わらない味のカレーが、一〇元ほど安く食べられるようになりました。この一〇元は貧乏学生にとっては大きいです。

そしてそれに伴い、そこそこ美味い牛丼やかつ丼も低価格で食べられるようになり、ファミリーマートに並ぶ菓子パンの種類も日本に追いつき始め、初めは顔をしかめるしかなかった中国産チョコレートの味も、年々マシになってきています。

こうしたローエンドが拡大するだけではなく、一食一万円を超える日本料理店では、日本のレストランを超えているのではないかというレベルの味を楽しめるようになりました。僕が特にお勧めしたいのは「ＡＮＴＨＯＬＯＧＩＡ

地球美食劇場」という料理とパフォーマンスが一体となったお店（パフォーマンスは現在休止中）と、上海で作ったお米を提供してくれる「ＳＨＡＲＩ」という日本料理店です。

地球美食劇場は、店長の平野《ひらの》さんがもともと芸術家で、使われるお皿もスクリーンに映し出される映像も、すべて自分たちで制作しています。そうしてシェフが、コース料理の食材に関する物語を、朗読、演劇、ラップなど様々なパフォーマンスで紹介してくれる、まさに劇場型のレストラン。かなり面白いです。

ＳＨＡＲＩは、上海北部の崇明島《すうめいとう》で実際にコメを栽培しているとのことなのですが、その白米が適度に粘着質で甘みがあり、美味いのなんの。それまで中国のレストランで出された白米に感動したことは一度もありませんでしたが、ＳＨＡＲＩの白米には驚かされました。

そして最近、家庭料理のシーンに食い込んでいる食品があります。そう、やはりカレーです。いまはハウス食品のカレーをはじめ、日本のカレールーが人気を集めています。最近、普段バカ話しかしない知り合いの中国人女性から、「日本のカレーにハマってる、なんでいままでこの味を教えてくれなかったんだ！」と、クレームが届きました。

そんなの知るかよって話ですが、どうやら彼女にとっては青天《せいてん》の霹靂《へきれき》だったみたいで、毎日狂ったようにカレーを食べています。ああ、そうか、と僕は適当に流していたのですが、ついに「今度作ってお前に食わせてやる」とまでいってきました。いや、僕、日本人なんですけど……という言葉はグッと抑えて、次に会ったときに(というか、会ったことはないのですが)、ご馳走《ちそう》していただく約束をしました。

それにしても、中国の一般家庭で日本のカレーが流行し始めるとは、なかなか面白い世の中になってきたものです。ハウス食品さんの営業努力の賜物《たまもの》だと思います。

お金のために働かぬ日本人は変?

ところで僕が中国人の友だちと話していると、よくお金の話になります。「あいつは最近、事業を立ち上げて、かなり儲《もう》けている」とか、「あいつは億ションを買った」とか、「同級生だったヤツがフェラーリを買った」とか、そうした他人の儲け話を聞くことが多いです。そしてびっくりするのが、最近までそんなにお金持ちじゃなかったヤツが一発当てて、金持ちの仲間入りしていることがよくあるのです。

文化をやってきた人間としては、お金の話も大事だけど、もっと面白いアイディアの話とか、物作りの哲学の話とか、最近見た変なものの話とかをしたいのですが、なかなかそのあたりの話題で盛り上がることはありません。そこで思い切って、中国人の友人に、「何のために動画を作っているんだい?」と疑問を投げたところ、「お金だよ。もともとは趣味だったけど」と即答されたこともあります。

また別の日、日本人の金銭感覚を伝える動画を作っていて、「一億円あったら何に使いますか？」というアンケートの結果を調べていたところ、日本人は家を買って車を買って、海外旅行をして、老後に備える……みたいな回答が多かったのですが、同じ質問を中国人のQくんにすると、「一億じゃ足りないな」と一蹴《いっしゅう》されました。

お金に対する感覚がここまで違うものかと、僕にはかなりの衝撃でした。Qくんいわく、「一億円程度じゃ、上海に家も買えない。それを元手にして増やさなきゃ」とのこと……そうか、上海人は、こんなハードモードの人生を歩んでいるのか、と戦慄《せんりつ》を覚えました。

逆に彼らから見ると、お金よりも面白いものを追求して物作りに励む僕ら日本のクリエイターが、不思議で仕方ないようです。でも、こちとら日本人には、クラスで人気者になるため、もしくは自分の所属するコミュニティで認められるため、あるいは完全に自己満足のために物作りをする習慣が存在します。

そして、僕たちが中国人にはビジネスのセンスがあると思うように、彼らは日本人に対し物作りのセンスがあると評価しています。さすが、世界でいちばん住民が余暇を物作りに充《あ》てる国、日本。インターネットが生まれ「一億総クリエイター時代」などという言葉を聞きました。が、中国では、「一四億総商人時代」が絶えず続いているのでしょう。育った環境によって、ここまで思考回路の違いが生じるのかと、驚きと感動を隠せませんでした。

第四章　これだけ違う中国と日本の学生生活

小学校一年生から八時限の授業

ある動画のなかで、僕が日本の高校の時間割を紹介したところ、中国の若者から悲鳴が聞こえてきました。「これは小学生の時間割じゃねぇのか、ちくしょー、日本に行きたい！」という内容です。そう、中国は徹底的な学力社会。中高生たちは僕たち日本人が想像もつかないような勉強漬けの日々を送っているのです。

中国は一人っ子政策の影響で甘やかされた子どもが社会問題になっています。「小皇帝」なんて呼ばれ、何でも自分の思い通りに行くのが当たり前という、なかなか手ごわそうなキッズたちが多いのです。でも両親は、一人っ子に際限のない愛情を注ぎ、できるだけ勉強をして良い大学に行ってほしいと願うわけです。

一人っ子政策は二〇一六年に撤廃され、各家庭に子どもを二人まで持つことができるようにしました。それ以前も、一定の金額を納めれば、合法的に二人目以降の子どもを育てることができました。そのため、裕福な家庭や多くの人手を必要とする農村地帯では、兄弟がいることも珍しくありませんでした。

ただ、農村地帯には前述の正式な手続きを経ずに生まれてくる子どももおり、その子たちは無戸籍者として一生、その土地を離れられませんでした。また、きょうだいが一般的では

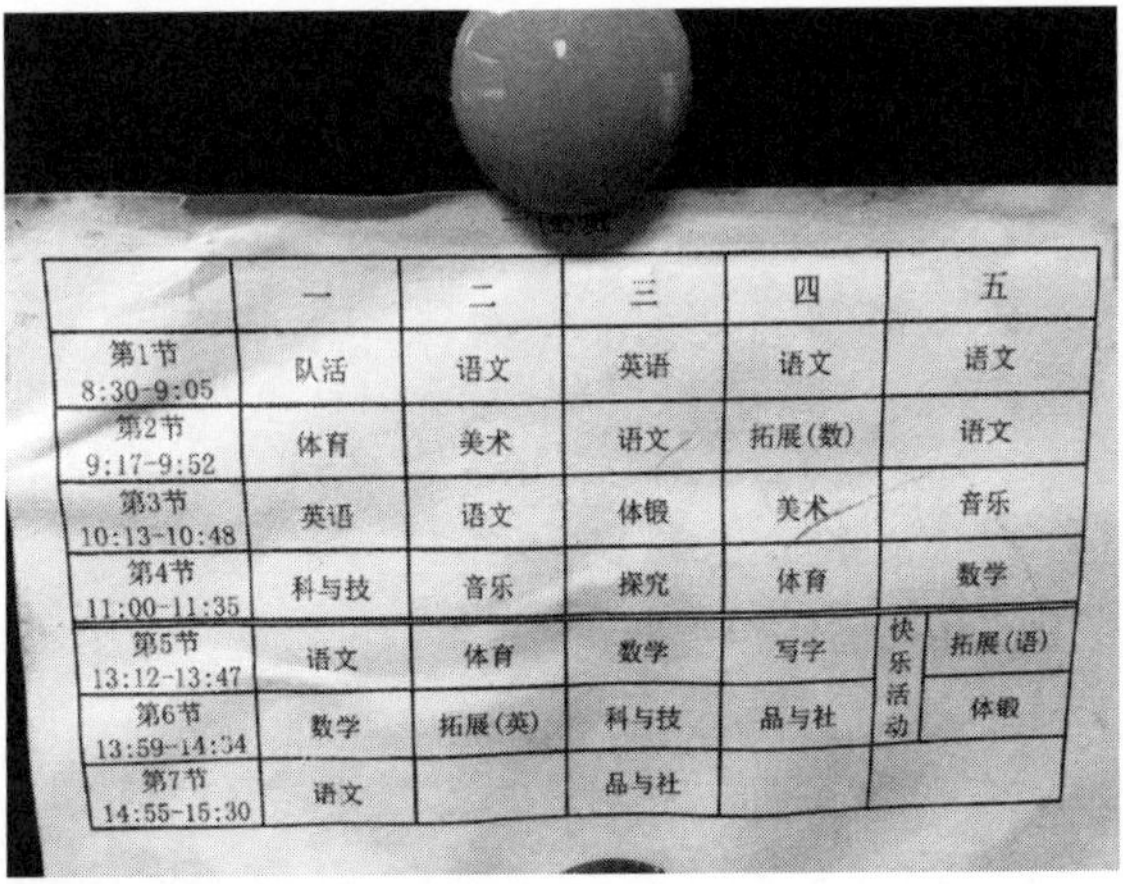

	一	二	三	四	五
第1节 8:30-9:05	队活	语文	英语	语文	语文
第2节 9:17-9:52	体育	美术	语文	拓展(数)	语文
第3节 10:13-10:48	英语	语文	体锻	美术	音乐
第4节 11:00-11:35	科与技	音乐	探究	体育	数学
第5节 13:12-13:47	语文	体育	数学	写字	快乐活动 拓展(语)
第6节 13:59-14:34	数学	拓展(英)	科与技	品与社	体锻
第7节 14:55-15:30	语文		品与社		

中国の小学校１年生の時間割

ない背景から、仲の良い友だちや知り合いを「お兄ちゃん」「妹」などと呼び、自身できょうだい関係を作り出す文化もあります。

　さて、小学校の時間割が日本の高校並みであることが分かりました。では、中高生の時間割はどうなっているのでしょうか？　僕が聞いた話を平均していくと、午前六時起床、全員が強制ランニングに参加して「清々《すがすが》しい」一日が始まり、朝食を摂ったのち、午前七時には教室で「自習」の開始。午前八時から一コマ約四五分の授業を複数コマ昼まで受けて休憩。午後も同様に授業が進んでいきます。

　高校になると、すべての授業が終わるのが午後八時や九時というのも珍しくない。そこから家に帰って山のような宿題をこなして睡眠、そして「清々しい」ランニングからまた一日がスタート……僕ら日本人には想像できない世界ですよね。

その甲斐あって、世界主要都市の学力テストでは、上海など中国の都市が一位を飾ることも多くなっています。素晴らしいことではあるものの、これが典型的な試験のための詰め込み教育であるという問題は、中国の若者たちも自覚しています。

中国には、日本のような放課後のクラブ活動や文化祭のような活動はなく、そうしたイベントであふれる日本の学生生活をアニメで知った中国の若者たちは、日本の学校生活に羨望《せんぼう》の眼差《まなざ》しを向けるのです。

とはいえ、こうした大規模な部活動や文化祭活動があるのは、世界を見渡してみても日本だけのようですね。中国が違う、というか日本が違うということを、僕も最近知りました。

大学に入る前に大学生活終わった

競争が厳しい中国社会は学歴社会でもあります。良い大学を出ないと良い就職口にありつけないという厳しい現実があるため、大学受験も熾烈《しれつ》を極めます。

中国では個別に大学を受験するのではなく、日本のセンター試験のような試験を一回だけ受ける。毎年六月の二日間、「普通高等学校招生全国統一考試」、通称「高考（ガオカオ）」の試験だけを受けます。日本みたいに二次試験はありません。

二〇一七年にこの高考を受験した学生は、およそ九四〇万人といわれています。これに対し、中国の大学は約二八〇〇校。明らかに大学が足りていませんよね。さらに政府が重点的に力を入れる、いわゆる一流大学（中国では特に「重点大学」といわれています）は八〇校あまり。人口に対し、大学の数そのものが絶対的に少ないという事情も、受験戦争の激しさに拍車をかけています。

なにしろ「滑り止め」の受験がない一発勝負ですから、受験生やその家族に対するプレッシャーがものすごい。試験会場は各地にありますが、地方から出てきた受験生は、ホテルに母親と泊まり込んで、夜遅くまで勉強。受験の日には、親御さんたちが試験会場まで我が子を送り、お昼の休憩時間には迎えにいって一緒にホテルに戻り、ギリギリまでまた勉強をさせる……こんなことが本当にあるそうです。

面接だけの推薦入試で大学が決まった僕からしてみると、想像しただけで卒倒してしまいそうです。難易度も非常に高いようで、以前、動画で、僕と宮崎さんとQくんの三人が抜き打ちで日本のセンター試験（数学1A）を受ける動画を作りましたが、「簡単すぎやしないか」「日本に行きたい」などのコメントであふれました。

すると、早稲田大学出身の宮崎さんの得点は、抜き打ちにもかかわらず八七点、僕は二四点、熾烈な中国の大学受験を経験したはずのQくんは一三点で、相当、中国の視聴者からバカにされていました。恐らく番組を盛り上げるために低い点を取ってくれたのだと思います(?)……Qくんの献身的な態度に対しては、いつも頭が上がりません。

受験シーズンになると決まって蒸《む》し返《かえ》されるウェイボーがあります。二〇一二年のポストなのですが、受験日の午前一〇時過ぎに「ヤバい、いま起きた! 大学に入る前に大学生活終わった……」というもので、毎年、注意喚起のウェイボーとして必ずタイムラインに上がってきます。集合知としてのインターネットの利便性が垣間《かいまみ》見える瞬間ですね。

他にも、受験する子どもに動揺を与えないよう、父親の死をずっと隠していた、などという話も新聞報道で伝えられています。それだけ教育に対する意識が強いということでしょう。

そんなに勉強したって、実際に成果が上がるのかよ、と思って調べてみたのですが、世界六五ヵ国・地域の一五歳、約五一万人を対象に、二〇一二年に実施した国際学習到達度調査(PISA)では「数学」「読解」「科学」三部門すべてで上海が一位、日本は順に七位、四位、四位で、確かに成果が出ているようです。

詰め込み学習に関して、日本では意見が分かれるところでしょう。ところが中国の場合、人が多すぎる。会社で人材を採用する側としても、何千人何万人を相手に面接などしていられないでしょうから、ある程度、出身大学で篩《ふるい》にかける必要があるのも頷《うなず》けます。

一九七七年、中国の文革末期には、大学進学率が一％だったといわれています。その時代に青春を過ごした現在の若者の親御さんやおじいさんおばあさんにとっては、自分の子や孫にだけは満足な教育を受けさせたいのでしょう。勉強好きな子どもはどこの世界でも少数派ですが、しばらくは、彼らにとって辛《つら》い時代が続きそうです。

一部屋六人の寮暮らしの費用は

中国人の大学生活は、日本の学生とはずいぶん違っています。というのも、ほとんどの学生が寮生活を送るからです。都会の大学であればあるほど、家賃は東京中心部並みに高いので、アパートを借りて悠々自適な一人暮らし、というわけにはいかないのです。

しかも中国にはワンルームマンションがとても少なく、家族が住むような２ＬＤＫ、３ＬＤＫの部屋が多いので、都市部の大学周辺に住もうとしたら、そうした一・五万元（約二五万円）前後の部屋を友人とシェアして借りることになります。

上海の大学生が一ヵ月に自由に使えるお金は、もちろん個人差もありますが、一五〇〇元（約二万五〇〇〇円）くらいだと友人から聞いたことがあるので、一・五万元を分担して払おうと思ったら……なかなか現実的な数字ではないですよね。

では、中国の大学生の寮生活とは、一体どういうものなのでしょうか？　まず、学生寮は大学の敷地内にあり、学生はそこから通学します。つまり、基本的な生活圏がキャンパス内で完結してしまうのです。

寮の部屋を覗《のぞ》いてみましょう。四～六人部屋が一般的です。二段ベッドが二つか三つ。自分のスペースはなく、みんなそれぞれベッドにカーテンを設置したりして、プライベート空間を作ります。トイレや風呂は部屋には設置されておらず、各階共有のものを使います。大学によっては寮内にシャワールームがなく、校舎内の公衆浴場を使うケースもあります。

なぜ、そんなことになっているのか？　何といっても大学生の数が多いのが理由です。

僕が在籍していた上海大学の宝山《ほうざん》キャンパスは、端から端まで歩いて約三〇分。マンモス級の広さなのです。その構内には、購買部、運動場、カフェや学食やファストフード店、薬局、本屋、理髪店、そして眼鏡《めがね》屋まで揃っています。なので「大学に閉じ込められている」という感覚はなく、極端な話、死ぬまで何不自由なく生きていける環境が整っているので、高みを目指さないのであれば、意外と構内だけの生活でも満足します。

物価が高い上海ですが、では、寮の費用は一体どのくらいなのでしょうか？　実は上海大学だと一二〇〇元（約二万円）です。一ヵ月の寮費が？　いえいえ、なんと一年の寮費です。ということは、一ヵ月で一〇〇元（約一六〇〇円）ですから、経済的な負担にはなりません。

上海大学の学生寮

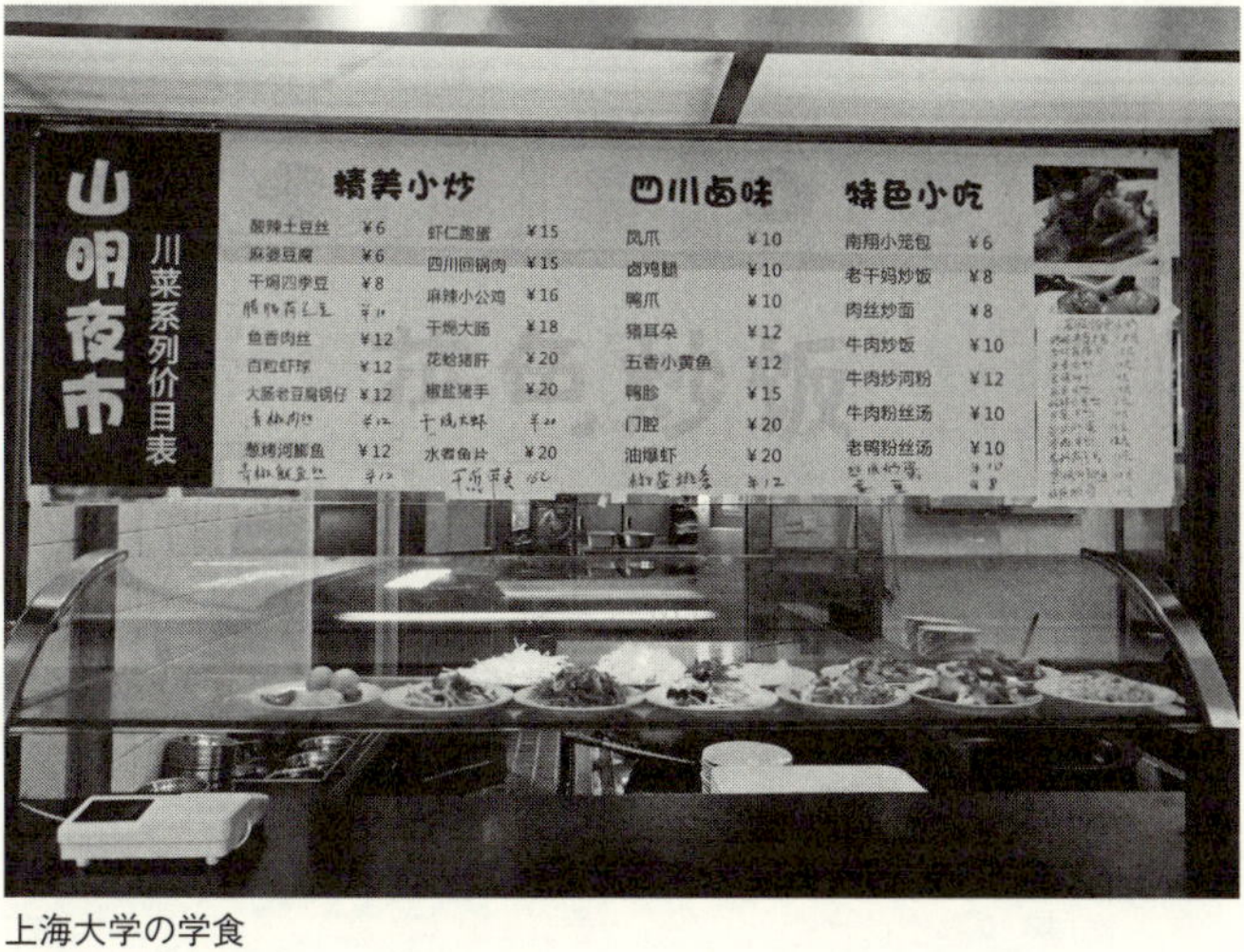

上海大学の学食

中国という国では、生活に必要なインフラは安く提供されています。地下鉄やバスは三元（約五〇円）からですし、食費は安くすませようとすれば、大学内の学食で一食三〜五元。朝ごはんの肉まんなんて、一個五角（約八円）！　売店で売っている五〇〇ミリリットルの飲料は三元、瓶ビールも三元とか……お金がなくても意外と生きていけるんです。

びっくりしたのが携帯電話の年額最低料金プラン……これが一八八元（約三一〇〇円）で、五〇〇分の無料通話と月々一ギガの4Gデータ通信が付いているプランです。日本円にすると月々約二六〇円という破格の値段。これも人口が多いからなせる業《わざ》なのでしょうか。こうした実状に慣れると、月々数千円が自動的にかかってしまう日本の携帯電話を持つのをためらってしまいます。

さて、それでは僕たち外国籍の留学生の住環境は、果たしてどうなっているのでしょうか？　一般的なのは二人部屋です。四〜六人部屋の中国人寮が月一〇〇元であるのに対し、留学生寮の二人部屋は一日三五元（約五七〇円）。書き間違いではありません。一日三五元、一ヵ月で一〇五〇元（約一万七〇〇〇円）。何だ、この差は？　一人部屋になるとその倍、一日七〇元で月々二一〇〇元。お金のあるところからしっかり搾取《さくしゅ》する方針なのでしょうが、留学生も、実はそんなに裕福じゃないんですよね……。

アルバイトをしたくない理由

日本では、学生がアルバイトすることは、珍しくありませんよね。ただし中国だと、状況が一変します。たとえば日本でもお馴染みの「サイゼリヤ」、中国だとウエイトレスの時給はいくらでしょうか？　日本だと、二〇一七年一〇月現在、東京都の最低賃金は九五八円、中国元だと六〇元弱。しかし上海のような大都市でも、僕が中国に来た二〇一四年だと、一七元程度……二八〇円ちょっとでした。

「調整最低工資標準（最低給料の規定）」によると、二〇一四年の上海市の最低時給は一七元。いちばん安い雲南省で一二元——。

確かにわずか三元で地下鉄にも乗れるし、学食だと二食分になるので、そういう意味では時給一七元も安くないのかもしれませんが、これには僕も驚きました。安いと有名なミラノ風ドリアは、中国では一五元（約二五〇円）、一時間働いてようやく食べられるのです。これではなかなか、アルバイトをしようなどとは思いません。

日本では、カフェの店員や洋服屋の店員に憧れる若者も多いのですが、中国の若者に聞いてみると、「え？　あんな給料で、こき使われたくないよ」と、一蹴されました。一部の高級店を除き、飲食業は低賃金で過酷、というイメージが付いています。

二〇一七年に改正された法律では、上海の最低時給は二〇元（約三三〇円）まで上がったようです。この三年の時給の上がり方もすごいですね。ちなみに一ヵ月の最低賃金は二三〇〇元（約三万八〇〇〇円）とのことです。ちょっと気を抜くと、いつの間にか、データが大幅にアップデートされているのも中国です。

では、こんなアルバイトをする人とは、どんなタイプの人なのでしょうか？　実は、高学歴を得られなかった人がこうした仕事に就く構造になっています。高卒や職業訓練校卒の若者たちが就くことが多いようです。

では、日本では高給を取れる家庭教師のアルバイトは、どんな感じでしょうか？　有名大学の学生であれば、時給五〇元（約八〇〇円）から、内容が高度になれば二〇〇元（約三三〇〇円）というのまであります。

ただ、まじめな学生ほど、アルバイトに時間を割くことができません。というのも、出される宿題の量が、我々日本人には想像もつかないほど膨大《ぼうだい》だからです。するとアルバイトよりも、ようやく手に入れた自由な時間を、ゲーム、趣味、恋愛、交友に費やしたいという気持ちが上回るのでしょう。

また仮に仕事をするにしても、誰かに雇われるのではなく、自分でネットショップを始めたり、動画を作ってみたりと、若者独自の感性で収入を得ようとしている人が少なくありません。本書では深く触れませんが、「パパ」ならぬスポンサーを見つけてくる女子学生もいるみたいです。お金を工面《くめん》する方法は、人それぞれですね。

また、アルバイトはしないけれどインターンには参加する、という学生がものすごく多い。なぜなら、インターンが学校のカリキュラムに組み込まれていることが多いからです。

順調に単位を取得していけば、四年時に授業がほぼなくなる点は、日本と同じ。ただ、学校の成績に、インターン先の評価が加算されて単位が認定される学校もあるという点が、日本と違います。

一般的には、三〜六ヵ月のあいだ、自分で決めた会社でインターンをするのですが、特殊な能力がなければ、基本的には無給で働くことになります。ただ、さすがに多少の手当てを支払う会社のほうが多いようですが。

当然、人気職などにはインターンの申し込みも多く、そうしたマンパワーをうまく扱うノウハウというのも、企業には求められています。とはいえ、多くの大学でインターンが必須というのは、僕たち日本人にとっては驚きですよね。

中国の大学のサークル事情

大学生のアルバイト事情を見てきましたが、では実際の生活は、どんなものなのでしょうか？　まず、日本との大きな違いは、サークル活動です。サークル活動や学園祭が非常に活発な日本ですが、中国は、そうでもありません。

僕の母校、大阪芸術大学では、授業ではなく、サークルのために登校する人も多く、留年を重ねてサークルの長になっている人もいて、日夜、部室は人であふれていました。しかし中国はというと、サークル活動は、それほど盛んではありません。

僕が在籍している上海大学では、入学シーズンの九月に、構内の広場で勧誘活動をしています。が、サークルの規模も小さく、「サークル命」みたいな人は見かけません。部室棟のようなものも、存在しません。小さいころから放課後の時間に恵まれてクラブ活動に勤《いそ》しむ日本人との大きな差がここにある、そう実感しました。

調査の意味も込めて、僕は、アニメ研究会と野球部に登録してみました。

野球は中国での人気がすこぶる低いので、専用のグラウンドなどあるはずもなく、草むらにガヤガヤと集まって、キャッチボール、ノック、バッティング練習をやったりするのですが、素人の集まりなのに、硬球を使います。どうやら公式戦が半年に一回あって、その公式戦も硬球で行われるらしいのですが、まあ、危なっかしくて見ていられません。もちろん、ガラスが割れたり通行人にボールが当たるなどの事故もあるので、中国で野球が市民権を得るのは、ずっと先になりそうです……。

一方、アニメ研究会はというと、基本的に年に数回ある同人誌コスプレイベントの団体券を買って部員に安く提供したり、部員同士が勝手に仲良くなって一緒に出掛けたりという感じの、非常にユルいつながりのサークルでした。その他に僕が参加したイベントは、中国産アニメの品評会。そこでは中国人の部員が中国産アニメの出来の悪さを嘆くという、これまた非常に気まずいイベントでした。

たとえば、その嘆きの対象は、作画の粗さであったり、日本アニメに頻繁に登場する踏切がなぜ中国産アニメに出てくるのか（中国で同様の踏切はほとんど見かけません）など、日本人的にコメントには困りました。が、話している人自身はとことん中国産アニメの発展を願っており、最終的な結論は、「以前よりも中国アニメのレベルは少しずつ上がっており、見るに堪《た》えるものもある」ということでした。

中国産のアニメでは、「喜羊羊与灰太狼（シーヤンヤンとフォイタイラン）」という子ども向けアニメが非常に有名ではありますが、若者のあいだでは、見るに堪えないという批判を浴びに浴びています。しかし最近では、日本の「ギャグマンガ日和《びより》」の中国版ともいえる「十万个冷笑话（十万ダジャレ）」も人気を博しており、映画化にまで漕ぎ着けました。３Ｄアニメーションの「纳米核心」や、子ども向けの「熊出没」など、中国産アニメファンを引き付ける作品も生まれてきています。

ただし、小さい頃から日本のアニメを見て育ってきた若者にとっては、動きの滑らかさやストーリーの深度などの点で、やはり日本産アニメを見る割合が圧倒的に多いのも事実です。以前、大学生に、「なぜ日本のアニメが好きなのか」と聞いたところ、「物語がしっかりしていて、何か教訓があるところが好き」「声優の技術が中国と比べものにならないくらい良い」「小さい頃から見ているから、そのレベルにすっかり慣れてしまった」という答えが返ってきました。

確かに、日本のアニメは、大人が見ても楽しめるものが非常に多く、これは客観的に考えると、チェコにおける人形劇の存在に近しいものがあるのかなと思いました。もともと子ども向けだったものが、優れた作品の登場によって、より広い世代が娯楽として楽しめる「文化的なもの」に昇華しているのだと思います。

イベントで確認すべきこととは

話が逸《そ》れてしまいました。サークルの話を続けましょう。運動系でいえば、どこの大学も何面ものバスケットコートを持ち、日夜そこでバスケに勤しむ若者を見ることができます。が、彼らがバスケサークルのメンバーかといえばそうではなく、ただコートを借りて遊んでいるだけです。

テニスコートもサッカーグラウンドもありますが、そこまで人気があるわけではなく、一番はバスケ、その次に人口が多いのは陸上……といっても、トラックをジョギングしている学生です。本当に、昼夜問わず、誰かしら走っています。

音楽サークルは、ほとんど存在しません。たまに演奏の音が聞こえてきたりしますが、音楽は日本の大学ほど盛んではありません。これには、日本とは違う音楽業界の構造が大きく関係しているのですが、その話はまた、のちほど。

中国の学生たちに聞いてみると、やはり中高と、芸術系の授業はあまり多くないようです。体育のクラスも、普段からとても健康的な体育の先生が、突然、病気になって、それが算数の授業に替わってしまうような悲劇が、年に数回あるらしいです。音楽の授業も、日本のように縦笛《たてぶえ》や鍵盤ハーモニカを授業で扱う学校は稀《まれ》で、小さい頃から受験対策だけに追われているような印象を受けます。

また日本には、文化祭以外にも、様々な「お祭り」があります。非日常の世界を味わうことができるのです。ところが中国では、政治的な理由で、公共空間の集会は、すべて事前申請が必要になります。イベントやライブなどの場合ならば、事前に台本や歌詞の提出などが義務づけられ、集会の目的が反政府的か、秩序を乱すようなものかなど、しっかり審議されるのです。

たとえば、画廊のオープニングパーティにも公安局の人が来て、展示作品などをチェックしますし、日本人がライブをする際には、日本語歌詞の中国語訳の提出も義務づけられています。内容に不備があったり、申請を行わずにイベントを打つと、即刻中止、ペナルティも発生し、なかなか甚大《じんだい》な被害となります。

皆さんも、中国でイベントに参加する際には、主催者が届け出を怠っていないかどうか確認するようにしてくださいね。というのも、現地の法律に関しては、知らなかったでは済まされません！　そんな理由もあって、なかなかアングラなイベントは、広がりを見せません……。

ですが、これだけたくさんの人が住む国です。今日も、ひっそりとどこかで、秘密の会合が行われているのかもしれません。まだ僕は、奥のほうまで通じていないので、今後探検していきたいと思います。

というわけで、中国は、授業以外の時間は結構、個人の活動に重きが置かれているように感じます。学園祭に熱中するのではなく、将来の実益に結びつきそうなスキルを身に付けることを目指す、とか。

中国の高校生の恋愛事情

熾烈《しれつ》な受験戦争がある中国——では、彼らの恋愛事情は？　実は、大学に入るまでは恋愛禁止という風潮が強いのです。

親からは、「早恋（ザオリエン）」＝「まだ早い」と言い渡され、中学はもちろん、高校でも、恋愛は基本的には禁止。そんな時間があるなら勉強しなさい！　というわけです。そんなことがあるかい、と日本の皆さんは思うかもしれませんが、僕が二〇一五年に友人の紹介で、上海のとある高校の美術の授業に潜入させてもらったところ、なかなかすごい光景に出会いました。その光景とは、生徒たちの髪型……。

女子は黒髪ワンレンを後ろで束ねるような髪型かショートカット、男子は刈り上げか、日本でいうショートカットの二パターンに分類されていました。授業中、教室を見渡してみると、髪型を指定する貼り紙があり、校則で髪型が定められていることにも気づきました。

制服はというと、運動着……日本のようなセーラー服やブレザーはなく、みんなお揃いのジャージを着ています。値段も一〇〇元（約一六〇〇円）程度で買えるものなので、経済的な負担もないし、合理的ではあります。が、外国人の目からは、服装も髪型も同じなので、みんな同じように見えてしまいます。

でも逆に、これは、選択肢を排し、学生が学業に集中せざるを得なくなる環境を作る、合理的な方法なのかもしれません。もちろん、そういう学校がすべてではありませんが、まだまだ大多数を占めているのは確かです。

恋愛について、あまりにも疑わしいので、僕もウェイボーや生放送で、たびたびその辺の事情を聞いているのですが、どうやら本当らしいのです。「本当に勉強が忙しくて、そんな時間がない！」「恋愛するなら、アニメ見たい！　ゲームしたい！　動画見たい！」「付き合ってるけど、バレないようにしています！」などの声が多数、寄せられます。

「日本では、高校生の恋愛を親が容認したり応援したりするって、本当？」という疑問が届いたこともあります。僕が、「恋愛も人生経験だし、相手のことを深く考える良い機会だから、親は基本的には容認しているよ」と答えると、「信じられない！」「日本に行きたい！」などの反応が返ってきました。この反応を見るに、ほぼ先の情報が間違っていないと、確信することができますね。

もちろん、これらは進学が最優先事項になる学生たちの話です。進学を諦めて恋愛に明け暮れたり、趣味に没頭したりするような学生も、少なくはありません。なかには非行に走ってしまう若者もいます。先生に反抗したり、学校を無断で休んだり、クラスで弱い者いじめをしたり……この辺は日本と変わりませんが、バイクや特攻服や派手な髪型と髪色というような、ワルのステレオタイプは、中国には存在しません。

他国を知れば知るほど、日本という国が不思議な国だということに気づかされます。

ラブホがない中国の大学生は

長い禁欲的な受験勉強を経て、晴れて恋愛禁止の呪縛《じゅばく》から解き放たれた若者たち。大学に入るや、みなが好き勝手に恋愛に明け暮れるかといえば、そうではないのが中国です。

彼らは良い職に就く旅の途中。恋愛も大事なのですが、進路のことは避けて通れない悩みとなります。そのためには大学で良い成績を残すことが大事だし、それが親孝行につながる。大学受験時に親の期待が大きかった分だけ、責任を感じてしまう学生が多いのです。

逆に、親からのプレッシャーが少ない学生は、それこそ悠々自適の大学ライフを満喫しているように見えます。つまり、家庭に金銭的余裕があるかないかで、子どもにかかるプレッシャーも変わってくる、ということです。

それでもみんな、お年頃、自由な時間ができて異性に出会うなか、恋心が芽生《めば》えることは避けられません。キャンパス内では、手をつないで仲良く歩いていたり、ベンチに腰掛けてイチャついたり、そんな光景はあちこちで見受けられます。また、それを見せつけられた「持たざる者」が嫉妬《しっと》に明け暮れ、学業と恋愛の狭間《はざま》でもがき苦しむ定番パターンも、しっかりと存在しています。

中国では独り身のことを「狗（犬）」にたとえます。犬をいじめる「虐狗」という言葉は、イチャイチャを見せつけられたときの激しい精神的苦痛を表現しています。それはある意味、キャンパス内で見せつけられる、先輩からの手荒い洗礼なのかもしれません。高校時代にはほとんど目にすることがなかった男女の番《つが》いが、いやがおうでも目に飛び込んでくるのですから。

そこで、学歴とは違う「勝ち負け」のある世界を知り、大人になっていくのですが、日本人の後輩留学生の女性に話を聞くと、中国の男性は粘り強く、断っても断っても、食らいついてくることが多いようです。恋愛の駆け引きとかではなく、気持ちをストレートにぶつけてくる分、日本人女性は、面食《めんく》らうことも少なくないようです。

ところで彼らカップルは、どこで二人の時間を過ごすのでしょうか？　お互いに複数人での寮暮らしで、二人っきりの空間というのは、なかなか作れません。そこで友人に聞いてみたところ、「勝負の日は、ルームメイトにお願いして、出ていってもらうんですよ」……なるほど、意外と単純でした。

その他にも、大学の周辺には、いろいろとカップル御用達《ごようたし》の場所があります。

中国には、日本的な「ラブホテル」がないのですが、ビジネスホテルの時間貸しルームっていうのが存在します、なるほど。他には、カラオケや映画を見るレンタルルームとか、そういう空間もあります。

でも、すべて有料なので、最終的には公共空間に出没する確率が上がります。上海の街並みを歩いてみると、やたらイチャついてるカップルが目に付くと思います。実際、日本よりも、所構わずラブラブしています。なぜかといわれれば、もしかしたら、こういう大学の生活環境が関係しているのかもしれません。

そういえば以前、僕の動画のなかで、中国の日本人留学生を集めてトークするコーナー「留学生の中国生活」内で恋愛話をテーマにしたところ、ある参加者が「(中国人男性には)もっとお洒落をしてほしい」と一喝していました。髪型や服装へのこだわりは、確かに日本と比べると、まだまだ少ないように見受けられます。

個人的な見解では、二〇一〇年に初めて上海を訪れた際の若者の服装と現在を比べてみると、断然にファッションに気を遣う人が増えている印象です。ファストファッションがもっと流通することで、あっという間に、中国の街並みを人が変えていくことでしょう。

以前は徹底した伝統的な貞操観念が主流で、結婚するまでは体の関係を持たないようにする、というのが中国の男女間のあるべき姿でした。ところが最近は、情報が氾濫《はんらん》し、婚前交渉や未成年同士の性交渉も増えています。中高生が妊娠してしまうというニュースも最近は見かけますし、大学生にもなると、そんなの当たり前、という風潮です。このあたりも、急速に変化しているように思います。

上海人民広場の本人不在の婚活

中国の若者のいう笑い話に、こんなのがあります。高校まで恋愛はまだ早いといわれ、大学でようやく異性を意識し、卒業したとたんに「早く結婚しろ」と急《せ》かされる——。

中国も晩婚の傾向が強くなってきましたが、依然、二〇代前半で結婚するのが主流です。僕は二七歳で上海に来たので、ずっと「なんでお前は結婚してないんだ」といわれ続けています。いわれ続けているうちに、何か申し訳なくなってくるくらいです。特に四〇代・五〇代が、この手の話をします。ものすごく結婚に対するモチベーションが高いのです。

以前、日本でも「早く孫の顔が見たい」なんていわれたものですが、中国は「ひ孫」まで見届けないと気が済まないくらいのモチベーションです。ところが働き始めると、出会いの機会がグッと減ります。

しかし中国の若者は、ネットを通じて知り合いになることに抵抗がありません。小さい頃からネットを通じて同じ趣味の人とつながることに慣れているのと、サークルなどリアルで濃い結び付きが学校生活に少ないこともあって、ネットでお喋《しゃべ》りすることが非常に多いのです。

僕がいまも所属する野球部のグループチャットは、いつも野球以外の話題で盛り上がっていますし、二〇〇〇人近くが所属している僕のファングループチャットでも、僕抜きでも、みんな他愛のないお喋りを楽しんでいます。そうした人たちがオフ会などのリアルイベントで出会い、関係が発展して……というケースも珍しくありません。また、ネットで意気投合し、なんと顔を見る前に結婚を決めた、なんていうカップルもいるようです。

このとき、好きになった人と恋愛結婚をしたいという若者に対し、父母や祖父母の魔の手が常に迫ってきます。それこそが、必殺「お見合い相手を見つけて来たわよ」です。若者にとっては極めて有り難迷惑。しかし、人生の先輩からしてみると一大事なのです。

たとえば一人っ子政策下の愛娘《まなむすめ》には、とびきりの愛情を注ぎます。もし実家を離れて都会暮らしをしている人であれば、帰省のタイミングで、様々なお見合い話が舞い込んできます。場合によっては、日取りも相手も既に決まっていることすらあるようです。諸先輩方は、少しでも早く優れた条件の相手を見つけ、良い生活を送ってほしいと、心から願っているのです。

では、どういう条件かといいますと、単純明快！　上海だと家と車は必須条件、とにかく経済的に裕福かどうかがまず重要！　何があるか分からない未来を生き抜くためには、お金です！　日本ではかつて三高などといわれていましたが、そのうちの身長に関しては、もう後回し！　先立つものはお金！　さらに誠実そうな人であれば、諸先輩方は納得。まるで不

上海の人民広場では傘にお見合い情報が貼られている

動産物件のように、次から次へと探してくるそうです。

その現場を垣間見る機会が、実は上海にあります。中心部に位置する人民広場という公園に、週末の晴れた日中、ぜひ足を運んでみてください。そこにずらりと並ぶのは、A4の紙に書かれた様々な個人情報。出身地、年齢、年収、身長、出身大学……男女問わず数百人分の個人情報が、所狭しと掲示されています。

そう、ここで展開されているのは、本人不在の婚活。仲介業者が条件でソートをかけて、良さそうな人を次々と紹介してくれます。

ちなみに以前、動画の企画で、僕の写真と条件を書いた紙を友人に持っていってもらったら、「ネットタレントは安定しないからダメ」「身長一六一センチは小さ過ぎる」「(出身地の）北海道は寒い」などの罵詈雑言《ばりぞうごん》を浴び、見事、爆死しました。お母さん、僕はどうしたらいいでしょう？

僕の知り合いの二六歳の未婚女性などは、「親からの結婚しろプレッシャーがキツイ」と、よくぼやいていました。そんな彼女が、あるとき一人暮らしをしているアパートに帰ると、母親とともに見知らぬ男性が……そして晩御飯を一緒に食べたあと、帰り際に母親に尋ねると、見合い相手だったことが分かり、さすがに開いた口が塞《ふさ》がらなかったとのことです。

そうして、ここで怒りが爆発……祖母に援助してもらって日本へ留学を決意しました。日本語がペラペラな彼女は、できれば日本での就職も検討中で、それが実現すれば、「もう中国には帰らない」のだそうです。

会社はすっぴんで、中国メイク事情

さて、中国の街を歩くと、すっぴんの女性が多いことに驚かされます。日本だと、「大衆に素顔を晒《さら》すなんて嫌だ」という女性も少なくないのに、中国の女性は、大学にも職場にも、メイクをしていく習慣がありません。どうしてでしょう？　いろいろな人に聞いてみましたが、注目の第一位は、「面倒だから」でした……マジか。

彼女たちに、もうちょっと突っ込んで聞いてみました。「授業を受けにいくだけなのだから、別に出会いは望んでいない」「会社には仕事をしにいくだけ、なんで化粧する必要があるの？」「毎日、化粧していたら肌に悪いじゃない？」などの答えが返ってきました。どれも日本人としては衝撃的な答えに感じますが、複数の人の回答なので、おそらくこれが一般的な感覚なのでしょう。

以前、日本の「ニコニコ超パーティー」の中国向け生放送に、司会として呼んでいただいた際、コスプレイヤーの五木あきらさんにインタビューする機会がありました。その際、「メイクはいつから始めたのですか？」と聞いたところ、「小学生の頃からですね」という答えが返ってきました。僕はもちろん、中国の視聴者たちも、大きな衝撃を受けました。

ところが中国では、大学に入るまでメイクは基本的に禁止。日本のように好きなアーティストのメイクを真似したり、雑誌を買って研究したり、なんてことはありません。いまでこそ日本の化粧品が飛ぶように売れて、メイク動画を配信する人が増えてきていますが、そんな彼女たちが気合を入れて化粧するのは、彼氏とのデートや生放送時だけです。

なので、大学構内や市街地を歩いている際に見かける彼氏と一緒の女性は、服装、髪型、メイクともに気合が入っており、ものすごく綺麗《きれい》に見えるのです。好きな人の前では綺麗であろうとする乙女心《おとめごころ》が際立《きわだ》っていて、なんだか微笑《ほほえ》ましいですよね。

ミュージシャンには憧れない若者

日本といえば、いく度となくバンドブームが訪れ、楽器を操る若者がとても多い印象があります。かくいう僕も、過去に自分でギターを勉強し、簡単なコードを押さえられるようになった経験がありますし、好きなバンドのコピーバンドをやるために、弾《ひ》けもしないギターやベースに手を出したりもしました。

その他、部活で吹奏楽をやったり、習いごとでピアノをやったり、ビッグバンドをやったりする学生も多いですし、自身が楽器を演奏できない人でも、好きなミュージシャンが何組かいて、思い出の曲もそれぞれあるでしょう。

日本人は、とにかく、何かしら音楽と接点の多い学生時代を過ごしたと思います。が、中国となると、実は状況がまったく変わります。

何が違うか？　まず中国には、バンドが極端に少ないのです。というか、そもそも音楽シーンが、日本やアメリカや韓国のように、盛り上がっていません。

その理由はいくつかあるのですが、まずCDプレイヤーがないということが大きいでしょう。日本では、カセットテープ、CD、MD、MP3と媒体を変えながらも、CDが主力商品としてミュージシャンの収入を支えている。それに対して中国では、「音楽は無料でダウンロードするもの」として定着しています。最近になって有料ダウンロードサイトもできていますが、基本的には、みんな動画サイトや音楽プラットフォームで鑑賞しています。

つまりミュージシャンが、あまり儲からない仕組みになっているのです。

逆に考えると、動画サイトでの無料視聴が主力となり、CDが売れなくなってきている日本の現状に対し、既に中国はそのタームに入っているということになります。そこで、中国、進んでるぜと思いきや、友人の中国人歌手に音楽事情を聞いてみると、「中国の音楽ジャンルは、ポップス、古風、日韓ポップス、アニソンくらい。ロックや電子音楽は愛好家が少ないし、日本のようなロックのなかの細かいジャンル分けなんて存在しません。そもそも中国人は、たくさんの音楽に触れる機会自体が少ないんです」と、とても悲観的な意見……なるほど。

反体制の意味合いのあるロックは、中国という国では育ちにくそうなので置いておいて、確かに中国で暮らしてみると、肌感覚で音楽の流行がつかみにくい感覚があります。

まず、オリコンのようなランキングや、若者が夢中になって追いかける音楽番組がありません。出先で耳にする音楽は、バラードかネタ寄りのダンスミュージックに偏《かたよ》る傾向があり、逆に一度流行った曲が、かなり長いあいだヒットする現象も見てきました。

また、日本のように、たとえばみんなが聖子ちゃんカットを真似《まね》したり、きゃりーぱみゅぱみゅのような原宿系のファッションに夢中になったりという、ファッションアイコンとしてのミュージシャンが一世《いっせい》を風靡《ふうび》することは、ここ数年はありませんでした。

ミュージシャンがフィーチャーされない国――これが、僕が中国の文化でいちばん驚いた点かもしれません。

じゃあ、ミュージシャンがどうやって食べているのかというと、これまた中国ならではの事情がありました。中国の場合、楽曲そのものはコピーできてしまうものなので、データ自体には金銭価値はありません。そのため、コピー不能なもの、すなわちライブ出演費が、高く設定される傾向にあります。一流ミュージシャンであれば、一公演で数千万円のギャラが生じたりするようです。ただし、これはほんのごく一部の成功者だけのもの。

ネットで有名な歌手の場合、曲をヒットさせて有名になれれば、中国各地の都市からイベントやライブのお誘いを受け、元手なしでツアーに行けるようになります。しかも中国の場合、都市の数が半端《はんぱ》なく多いので、主要都市と二級都市を回るだけでも、一年くらいかかります。

つまりヒット曲があれば、新曲を作りながら、地方巡礼をぐるぐる繰り返すことが可能なのです。そうなると周辺グッズの売れ行きも良くなり、出演料とグッズの売り上げで生活していくことも可能です。

ちなみに、グッズでよく売れるのがCD。一枚一五〇元で売ったとしても、熱狂的なファンたちが行列をなして買い求めます。みんな、サインをしてもらったCDを、大事そうに抱えて持ち帰ります。

こうした例は何度となく目にしてきましたが、その都度《つど》、不思議に思ったことがあります。というのは、中国では、CDプレイヤーやDVDプレイヤーなどの機器をほぼ見かけないからです。みんな音楽は聞かず、部屋に飾るだけなのかもしれません……。

それでもツアーは体が資本。毎年毎年ツアーを繰り返すだけでは、体力的にも厳しくなっていきます。そこで歌手の皆さんがこぞって始める副業が、ネットショップです。

日本なら、仮に歌手がその手の商売を始めれば叩かれるものですが、中国では違います。「お金を稼ぐのは悪くない」「欲しいものがあったら、ファンとして、あなたの店から買いますよ」という構造になっているのです。すると意外に副業のほうが成功している歌手もいたりして、歌うのはやめてしまった、なんてことも実際あるようです。

最近では、「我是歌手（アイアムアシンガー）」や「完美声音（パーフェクトボイス）」などの音楽オーディション番組が非常に盛り上がっているほか、生放送で歌ったり、「歌ってみた動画」を上げる人も増え、音楽に注目が集まっています。が、いずれにしても、日本とは「歌手」「ミュージシャン」の意味合いが違います。

ちょっと変な話ですが、中国では、有名になると様々なチャンスが転がり込んできます。なので、純粋に歌手になりたいという人の他に、有名になるために歌手になりたいと、ライフプランの行程としてとらえている人もいるようです。

なぜ中国人は自撮り好きなのか

そんな中国は、自撮り文化大国です。観光地に行けば、そこかしこで自撮りの光景を目にしますし、観光地でなくても、地下鉄、バス、道端……ありとあらゆる場所が自撮りポイントです。桜の季節などは、花を見に来ているのか、自分を撮影しにきたのか疑問が出るほどの盛況ぶり。撮ってはSNSにアップし、友だちとの交流の種にしています。

すると最近では、写真ではなく、いつでもどこでも生放送をする女子も増えています。とにかく自撮りが大好き。待ち合わせの時間など、ヒマさえあれば携帯を取り出して自撮り……画像加工して時間をつぶしています。本当に、暇つぶしのためだけに自撮りしている感覚です。

良いもの、綺麗なもの、可愛いものは、徹底的にシェア。「それ何?」「どこで買えるの?」「今度連れていって!」と返ってくるコメントは、人気者の証《あかし》。他人の知らないことをシェアすることで、コミュニティ中の自分のランクがグッと上がるのです。

そのためには、最新情報の取得や、誰も試したことのないことにトライするのは当たり前。試したレビューに自撮りを添えてシェア。たくさんのイイネとコメントが自尊心を満たしてくれる感覚は、中国の若者に限らず、いまや世界の若者の共通感覚でしょう。

そんな自撮り大国・中国で、日本のカメラが一時期、爆発的なヒットを飛ばしました。「自拍神器（自撮り神機）」と呼ばれたカシオの「TRシリーズ」です。これは、モニタを見ながら自分を撮影できるという、当時、他のカメラにはない機能が爆発的に支持された製品。日本円で一〇万円前後という高額商品だったにもかかわらず、中国で大ヒット商品となり、当時はどこでも手に入れられないほどでした。

しかし月日は経ち、携帯電話のインカメラの性能が、みるみるうちに向上していきました。自撮り大好きな中国の最近の国産携帯インカメラは、立派です。お洒落な女子のあいだでは、アイフォーンがお洒落アイテムの定番でしたが、最近、そのトレンドに変化が見られるようになったのです。

最近の主流は「OPPO」と「HUAWEI」というメーカー。これらメーカーの製品は、激安ブランドよりも少し上の価格帯であるにもかかわらず、最近メキメキとシェアを伸ばしています。なぜか？　インカメラの性能に力を入れているのです。

自撮り好きな若い女性層を取り込むべく、デフォルト（標準設定）に美肌機能を搭載、さ

一世を風靡したカシオの自撮り神機

らにアプリを使うことで、別人のレベルにまで簡単にモレるようになりました。
　正直、最近の携帯電話の性能は、ほぼ横一列。しかも、アップルペイやグーグルが普及していない中国において、アイフォーンの優位性はどんどん失われています。ですから、ここに来て自撮りに特化した国産メーカーがシェアを伸ばしているのにも頷けます。
　ちなみに「HUAWEI」のカメラはライカ製です。僕も最近は「HUAWEI」推しです。
　さらに最近起きた面白いことといえば、日本でもお馴染み「BeautyCam」という写真加工アプリの「Meitu」という会社が、二〇一七年六月、アプリ会社であるにもかかわらず、自撮りに特化した携帯電話を制作して発表したこと。若い女性のあいだで話題になりました。

こんなことは日本では考えられない展開ですが、これら携帯は、カシオのカメラの七掛けくらいの値段で買えてしまうため、いまや自撮りをする女性たちは、カメラよりも携帯電話を買うようになっています。

こうした中国携帯メーカーのバトルは激化。もしかしたら、次のイノベーションは中国から起こるかもしれないと思うくらい、各社が鎬《しのぎ》を削っています。

確かに、中国の国産携帯のインカメラの性能は、圧倒的に優れています。暗さにも強いですし、肌もきれいに撮れます。日本の店頭でも見かけることが増えていると思うので、もし機会があれば、現場で中国の国産携帯のインカメラの実力を試してみてください。

いつ上海の不動産バブルは弾けるか

ここで、学生は寮生活を送るしかない理由、そう、先述の不動産価格の話をしておきましょう。

上海の成金たちを支える要因の一つに不動産価格の高騰《こうとう》があります。上海の不動産価格は、上海万博があった二〇一〇年前後を起点に、爆発的な高騰を始めました。現在では一平方メートル当たり一〇万元（約一六五万円）で、市内を歩けばすぐに億ションに当たるというほど、バブリーな街並みが広がっています。

政府はときどき不動産の購入条件に規制をかけ、価格をコントロールし、不動産バブルを防ごうとしています。需要が低くなれば緩和し、高まり過ぎれば規制をかけてという手法は、共産党独裁の中国だからこそ成せる業《わざ》なのかもしれません。

先日、ニューヨークに行った際にも、現地の中国人が「上海とニューヨークの地価が下がることはない」と断言していました。それは一九八〇年代末の日本人が「東京の地価は永久に上がり続ける」といっていたのと同じ台詞《せりふ》で、危うさを感じるのですが、現時点でも、上海の地価はゆっくりではありますが、上がり続けています。

この不動産高騰に乗じ、某日系デベロッパーも、上海近郊都市にマンションを建設しましたが、当初の予定の半分も埋まらないなど、苦戦を強いられているようです。その失敗の大きな原因は、地下鉄が通るとされていた場所が変更になり、駅から遠く離れてしまったことです。

結局、偽情報をつかまされたのか、仲介した業者にだまされたのか、未だにこうしたトラブルは多発しています。これから中国でビジネスしたいという人は、ぜひ気をつけてください。

中国では、確かな情報を確かな筋から得ることが、成功への近道。他人には冷たく身内には暖かいのが中国人だという話は聞いたことありませんでしょうか。

家族の絆《きずな》を重んじる中国人は、日本とは違い、仕事は定時に切り上げて、自宅で家族と晩御飯を食べるのを楽しみにしています。日本のサラリーマンが残業したり、終業後に一杯飲みにいったり、そんなシーンは信じられないといいます。

会社のことよりも家族を優先する中国ですから、内と外を巧妙に使い分けます。自社の仲間と家族のような絆で結ばれているならば、クライアントよりも自社の都合《つごう》を優先します。自社の社員に無理強いをするくらいならば、クライアントの要求をはねのける、そんな日本人ができない行動も、家族というキーワードで考えれば、理解ができます。

つまり、中国人と家族同様な関係性を持てるようになることが、この国ではとても大事なのです。そのためには、言い争いをしたり、相手の性格を汲《く》んだうえで自己主張をしたり、日本では経験しないようなプロセスを重層的に積み重ねていく必要があります。

でも、そうしたコミュニケーションを重ねることで、中国人も非常に献身的に動いてくれるようになります。この信頼関係がないことには正確な情報もつかめない——このことは、中国にビジネスで来る際には、頭のなかに銘記しておいてください。

ちなみに、中国でお仕事をする際には、『大班（タイパン）』という書籍が参考になります。僕も知人の勧めで読んだのですが、日本人と中国人の思考回路の違いが、実際に起こったビジネスの問題を題材にして見えてくる良書です。

不動産の話に戻りましょう。中国の現状の法律には、不思議なものがあります。それが「七〇年ルール」です。

この「七〇年ルール」とは、不動産を買ったとしても七〇年後に所有権を国に返す、というもの。確かに中国は社会主義、すべてのものは国に帰するわけです。土地を購入すれば手放さない限りは自分のもの、という日本のルールとは天と地ほどの差があります。

しかも、その七〇年のために東京よりも高い物件を買い求めるわけですから、ちょっと僕たちの理解を超えています。この辺の話は、Qくんにいわせると、「ずっとそこに住み続けるわけじゃない。転売して得た利益で別の家を買えばいいし、そもそも築七〇年の家には建物としての価値がなくなっているから、それでいいんだよ」――ものすごく合理的な回答。

先祖代々の土地を守ったり、一つの場所にこだわって住み続ける日本人との大きな違いが、ここにもありました。ただ一方で、農業人口をコントロールするために、農村部から都市部への人口流出を防ぐ政策もあります。そういう意味で、一部の人は、その場所に住み続けなければならない、という実情もあるみたいです。

中国で具合が悪いならお湯を飲め

ところで上海のレストランでビールを頼むときは、必ず「冰的（ビンダ）」と付け加えることをお勧めします。これは「冷たいのをください」という意味の中国語です。なぜなら、何もいわずに頼むと、出てくるビールは十中八九、常温のビールだからです。

中国医学の見地から、冷たいものを摂取するのは体に良くない、という考えが一般常識になっています。なので、ビールに限らず、レストランで出てくる水はお湯がほとんど。暑い夏の日でも、氷の入った冷たい水が出てくることはほぼなく、ローカル色が強ければ強いほど、真夏にもかかわらず、ホッカホッカのお湯が出てきます。体のことを気遣ってくださっているのです、感謝感謝。

こんな中国では、具合が悪いときには「とにかくお湯をたくさん飲め」というアドバイスが定番で、若者のあいだでは、ちょっとしたギャグになっています。「単語を覚えられない」という悩みを打ち明けられれば「とにかくお湯をたくさん飲め」、「彼女がメールを返してくれない」という悩みを打ち明けられれば「とにかくお湯をたくさん飲め」、こんな具合です。

年配の人たちには特にその考えが浸透しており、たいてい温かいお茶やお湯を入れた水筒を手にしています。

多くは茶こし付きの水筒で、いつでもお茶を飲めるようにしているのが中国スタイル。お茶の葉を入れておくと、お湯を足せば常にティータイムが楽しめる。なので、道行くおばちゃんも、タクシーの運ちゃんも、マイ水筒を忘れません。

しかも驚くことに、中国では、いたるところにお湯の出る水道が備え付けられています。大学の校舎のなかにもお湯が出る水道があり、休憩時間には、空のお茶の葉入り水筒を持った学生が列をなしているくらいです。

このお湯水道は空港や新幹線の車内にも設置されていますし、レストランで水筒を渡せば、しっかりとお湯を足してくれます。さすがはお茶の国・中国……お湯とお茶は、生活のなかの必需品となっています。

ちなみにデパートなどでも、アパレルショップや雑貨店などと並んで、水筒屋さんを見かけます。タイガーやサーモスといった日本ブランドが多く好まれており、知り合いとの会話のなかで、日本からのお土産として魔法瓶《まほうびん》を買ってくるように頼まれた、という話をよく聞きます。

日本の魔法瓶がバカ売れしている背景には、実は、こうした事情があるのです。

もちろん、こうした文化も、若者間ではだんだん変化し、僕たちのように冷たいものを飲んだり食べたりする人も多くなりました。以前、あるローカルなレストランでビールを頼んだら、「お前ら日本人だな、わかってるよ、冷たいのだろ！」といって持ってきてくれたのが、外側がカチコチに凍ったビール。あまりにも冷え過ぎており、もはや笑うしかありませんでした。

きっと、誰も冷たいビールを頼まないのでしょうね。店のおっちゃんも笑っていましたが。

第五章　知らなきゃマズい！ 中国ネット事情

中国ネットに対する若者の不満は

さて、また話を中国のインターネットに戻しましょう。

全世界とつながっていると思っていたのに、情報の断絶があるのは、まったくもってワールドワイドウェブじゃない。でも逆に僕たちが、ロシア語サイトを見ることができないからといって怒り狂ったり、生活に困ったりするかといえば、実はそうでもありませんよね？中国のネットユーザーも同様です。

世界的に流行しているツールの代替品が存在し、中国語で使えるので、特段、現状に絶望しているわけではありません。

たとえば中国にいても、VPN（バーチャルプライベートネットワーク）というサービスを使えば、事実上、フェイスブック、ツイッター、ユーチューブにも中国からアクセスできました（二〇一七年に違法になってしまいましたが）。またネットに詳しい若者のあいだでは、そうした「壁越え」が常識として定着し、「翻墙（ファンチァン）」というネット用語すらあります。

SNSを見渡しても「推特（ツイッター）」「油管（ユーチューブ）」なんて単語は頻繁に出てきます。

つまり、ワールドワイドウェブを知らないわけではないのです。ただ、中国のサービスに慣れてしまうと、一切、外国のネット事情を知らなくても、不便に感じることはありません。逆に国産サービスが充実している分、世界的なサービスが使えない不便さではなく、かゆいところにまで手が届く便利さに感動することのほうが多いのです。

中国ネットサービスが一気に充実した背景には、スマートフォンの爆発的な普及がありました。僕が初めて中国に渡った二〇一〇年と、二〇一六年とを比べると、市場流通台数は九〇六〇万台から四億三〇〇〇万台へと、大きく増加しました。二〇一二年頃から、CEOがアップルのスティーブ・ジョブズを意識して話題になった小米（シャオミ）を筆頭に、一万円台の低価格スマートフォンが発売されました。それから、瞬《また》く間に、中国各地にインターネットが普及していきました。

高価なパソコンがないとネットにつなげない状況が変わり、若者や低所得層にも手が届くようになったのです。

僕が中国に定住した二〇一二年頃も、まだ紙の地図を使って街歩きしていたくらいなので、スマートフォンやインターネットの急速な普及は、そのあとの二〇一三年から二〇一五年にかけて、という感じです。僕も現在までのネット進化は生活レベルで実感しており、いまでは日常的に、様々なアプリを使いこなしています。

では一体、どういうサービスが中国ネット界にはあるのでしょうか？　それぞれをピックアップして解説していきましょう。

爆買いの裏にあった決済サービス

アリババのジャック・マーといえば世界的に有名な大富豪です。ソフトバンクが投資していたこともあって、日本の方にもお馴染みの人物かと思います。そのアリババの淘宝（タオバオ）こそ、いまの中国のネットショッピング界を支配している超便利ツールです。

アリババが展開するネットショップサービスは、大きく分けて二つあります。一つは比較的簡単に誰でもネットショップをオープンできるタオバオ。そしてもう一つは、審査や出店料が必要な、より高級感や公式感を演出できる「T-mall（天猫、ティエンマオ）」です。後者のT-mallは、企業がタオバオ内の個人商店と差別化するために開設することが多く、値段も全体的に高めに設定されています。タオバオには出店料も必要ないので、出店のハードルでいうなら、日本のメルカリやヤフオクに近いです。

タオバオには変なものがたくさんあって、日用品、家具、食品、衣服、電子機器、家電などはもちろん、レンガや大小様々なネジ、引っ越し代行、家のお掃除サービス、作詞作曲サービス、さらには論文代行（！）なんてものも購入できます。まさに「ないものがない」というくらいの品揃えです。アリババが制定した一一月一一日のショッピングデーには、二〇一六年、T-mallと合わせて一日で一二〇〇億元（一・九兆円）の売り上げが出たほどの爆発力を持っています。

偽物があふれる中国において、ネットショッピングなんて危険そのものだと思うかもしれませんが、その不安を解消してくれるのが、独自の決済システムです。

タオバオでは、まずアマゾンやヤフオクのように、自分の欲しい商品やキーワードをインプットして商品を検索します。そうしてヒットしたもののなかから、直近の売り上げや評価を見て商品を選定します。その際、営業時間内であれば、ショップの人に直接チャットで商品の詳細、在庫、発送日時について聞くことができます。

こうして納得したら買い物かごに入れて、決済に進みます。決済には電子マネーサービス「支付宝（アリペイ）」を使うのですが、実はこれがすごいのです。

ユーザーが商品購入する際に支払ったお金は、一度、アリペイのシステム上に保管されます。その通知を受けて、ショップ側が商品の梱包と発送を行い、ユーザーの手元に届くと、ユーザーは商品の状態をチェック、よければ受け取りボタンを押す。すると、アリペイからショップ側に代金が振り込まれるのです。

もちろん、偽物だったりサイズ違いだったりした場合、返品も交換も可能です。ユーザーが納得しない限り代金が入金されない、消費者に優しいシステム——それがタオバオの人気を支えています。

そういえば、日本商品の爆買いも、裏にはこのタオバオの存在があったことをご存じでしたでしょうか？　爆買いの本当の目的は、商品を買った中国人自らが使うというよりも、転売だったのです。関税の関係で、どうしても正規輸入は値段が高くなるため、個人が現地で買い付け、国内に持ち帰って、タオバオで転売をする……すると、転売者にもそこそこ利益が出たのです。

そうした背景もあって、日本に留学している学生やタオバオの店の経営者が、こぞって供給の追い付いていない商品を買い付け、国内向けに販売した。特定の商品だけが売れる理由については後ほど説明しますが、中国人の爆買いに関しては、このタオバオの存在が大きかったといっても過言ではないでしょう。

さて、その他のイーコマースサイトとしては、生鮮食品などを扱うネットスーパー「1号店」、注文した翌日には自宅に届く電化製品に特化した「京東」、日本のアニメグッズに特化した「萌购」などのサイトがあり、それぞれ成功をおさめています。

「微博」は中国ネットのインフラ

さて、これまで頻繁に登場した「微博（ウェイボー）」というアプリについて、ここでもう一度、分かりやすく説明することにしましょう。

ウェイボーは、一言でいうと、中国ネットの最強ツールです。新浪という会社とテンセントという会社がそれぞれ運営している微博がありますが、ここでいう微博は新浪微博です。

この微博が、とにかくすごい。二〇一七年現在、毎月のアクティブユーザーが三・一三億人、いちばん身近なSNSとして、様々な流行を生んできました。

その機能も多彩で、使い始めて五年、フォロワー数が一〇〇万人を超える僕ですら、まだ把握できてない機能が多々あります。基本的な機能はツイッターと似ているのですが、文字数制限がなかったり、一五分までの動画であればツイートに埋め込むことができたり、写真や文章、自作の漫画なども、主力コンテンツです。

ツイッターとは違い、ウェイボーには、ロングウェイボーなるものがあります。一通一四〇字の文字数制限（現在は緩和されていますが）のツイッターにはありえない発想で、ブログもウェイボーのなかに書ける機能があります。閲覧する際には別ページに飛ばなければなりませんが、プラットフォームを変える必要もなく、フォロワーに長文ブログを宣伝できるのは、ありがたいことです。

さらに、ウェイボーには九枚の写真を同時に投稿できるため、一六七ページの図のように九枚並ぶことを想定した配置でユーザーを楽しませたりできます。コスプレイヤーがたくさん自分の写真を貼りたいときには、一枚の縦長の画像に写真を配置して、携帯をスクロールさせると全部が見られるような写真の組み方もできます。

これを見たときにも、衝撃を受けました。一枚の縦長画像のなかに、何十枚分もの情報と写真が入っているのですから。こうすると、理論上、九枚の制限を受けずに好きなだけ画像を入れることができます。

最近では、お金を払って特定の人に疑問を投げかけることのできるサービス「微博問答」が生まれたりしています。この微博問答の仕組みが面白いので、ちょっと紹介しましょう。

まずユーザーは、ある有名人や専門家に対し設定された金額を支払い、疑問を投げかけることができます。ここでは、たとえばAくんが、一問五〇元と設定している僕に対し、「日本人の女の子とは、どうやったら仲良くなれますか？」という疑問を投げかけてきます。それを見た僕が、それに答えるかどうかを判断し、文章で答えると、僕はその五〇元がもらえます。もし答えなければ、一定期間後、Aくんにシステムから五〇元が差し戻されます。さらに、その他ユーザーも一元（一六円）を払えば、その回答を覗《のぞ》き見することができるのです。

まだ出てきたばかりのサービスで、どこまで流行するかは分かりませんが、マイナーチェンジや新サービスの供給の早さには、目を瞠《みは》るものがあります。

「微博（ウェイボー）」に関しては、何度か、もう終わるのではないかという噂が囁《ささや》かれました。たとえば二〇一三年には、「微信（ウィーチャット）」の立ち上げによって二七八三万人、割合としては二二・八％のユーザーが離れてしまうという危機がありました。が、短い動画をウェイボー上でアップできるようになってからは、復活の一途を辿っています。

　現在、動画とも生放送ともイーコマースとも相性の良いウェイボーは、まさに中国ネット上のインフラのような存在であり、今後も様々なネットサービスと共存していける強さがあります。ただ、ライバルのウィーチャット関係のリンクや画像を埋め込むと、ツイートがファンに届かなくなるといった現象も確認されています。

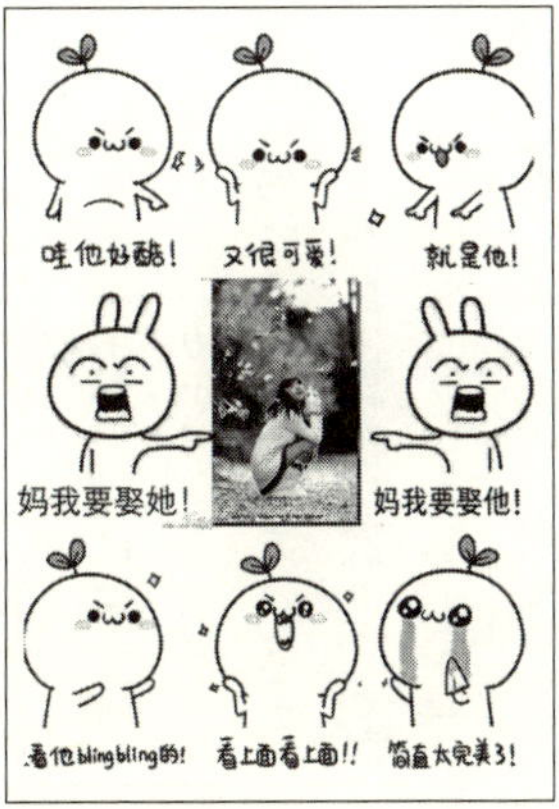

９枚の画像を使って遊ぶことができる（「微博」より）

　二〇一七年一月、日本を旅行中のアメリカ人と中国人が、南京大虐殺を否定する内容の書籍をＡＰＡ ＨＯＴＥＬで発見。これを報告した動画をウェイボーで公開すると、三日で七七〇〇万回以上もリツイートされました。これも、動画とウェイボーの組み合わせがあったからこそ、爆発的に広がったのです。同様に、ユナイテッド航空の「アジア系医師強制退去」の件も、ウェイボーが火付け役となって、一気に拡散しました。

こうしたネガティブなニュース以外にも、有名人のゴシップや、笑える映像などが、ものすごい勢いで拡散されていきます。もし皆さんが中国展開を考えているのであれば、このウェイボーを自由自在に扱うことが、成功への近道といえるでしょう。

実際、僕も、ウェイボーを通じてファン交流やリサーチを行ってきました。その重要性に関しては、身をもって理解しているつもりです。

つぶやきに埋め込まれた動画の力

「秒拍(ミャオパイ)」は、二〇一三年に、ウェイボーの携帯アプリ内に設置されるようになりました。

が、その威力をいかんなく振るい始めたのは、最近のことです。はじめは一〇秒以内の動画をウェイボーで流せるサービスで、さながらサービスを停止した「vine」のような存在でした。文字通り数秒の動画だけを流せるサービスなのですが、投稿できる動画の秒数が次第に長くなり、現在では、一五分以内で二ギガまでの動画をアップできるようになっており、そもそも「秒」拍ではなくなりました。

ところが、そうなってからが強かった。転機は二〇一五年、様々な動画プラットフォームがユーザー生成型コンテンツからクオリティ重視の番組制作に移行し始めた頃、ウェイボーが秒拍の秒数制限を事実上なくし、動画制作者が急速に秒拍に引っ越し始めたのです。

それに合わせてウェイボーも、それまでテキスト主体だった仕様から、数分間の短い動画を中心にした仕様にマイナーチェンジ。動画もシェアできるSNSとして、ウェイボーは生まれ変わりました。

SNSの機能があることで、動画がより一層拡散されるようになり、「バズ」といわれる盛り上がりも、定期的に起こるようになりました。ニュース、事件、スキャンダルなどをその場で携帯に撮影し、そのままウェイボーのアプリから投稿できてしまう手軽さから、ユーザーが一気に増え始めたのです。

秒拍で投稿した動画は、ウェイボーのつぶやきにそのまま埋め込まれ、外部ページに行かなくても再生される仕様。他の動画サイトのリンクだと、リンクをクリックして外部サイトに飛ぶ必要がある分、ウェイボーとの相性は、秒拍に分があります。

携帯で見ていても、常にコメントと動画が一緒に自分のタイムラインに流れてくるため、知り合いや注目している人のシェアした動画などは、とりあえず見ておこうという気になってしまいます。

中国版LINEの恐るべき実力

そんなウェイボーを危機に追いやったアプリが「ウィーチャット」です。先述したように、二〇一三年のウィーチャットの立ち上げによって、二二・八％ものユーザーがウェイボーから離れてしまいましたが、ウェイボーを離れたユーザーの三七・四％は、ウィーチャットを使い始めたというデータがあります。完全に、ウィーチャットが、ウェイボーユーザーを吸い取った形となりました。

ウィーチャットの利便性や用途に関しては、日本のＬＩＮＥを想像していただくと早いかと思います。様々なものをシェアしたり、匿名《とくめい》で不特定多数の人に向けて情報発信するのがウェイボーであるなら、ウィーチャットは、顔の見える友人同士のメッセージ交換に優れたアプリです。

友人同士のやりとりであれば、同じテンセント社のＱＱを使えばいいのではないかとも思いましたが、ＱＱがパソコン端末を想定して作られたものであるのに対し、ウィーチャットは、完全にスマートフォン端末に力点を置いています。イメージも根底から刷新されました。

二〇一四年くらいまでは、中国でもＬＩＮＥが使えました。が、ある日を境に、パタリと使えなくなりました。そして素知らぬ顔で、同じ緑のアイコンのウィーチャットが、中国国内で急速に普及していきました。こんなワイルドなやり方ができるのも中国ならでは。困惑を通り越して感心してしまいました。

ウィーチャットには、ＬＩＮＥのように、メッセージ交換や音声通話の他に、公式チャンネルや個人のモーメンツ機能も搭載されています。自身の写真とコメントを、指定した人のタイムラインに流し、シェアすることができます。そのためウェイボーと違い拡散していかないので、内向きの投稿ができ、リアルな友人間では、ウェイボーよりも広く受け入れられています。

現在、我ら中国長期滞在者にとって、ウィーチャットはライフラインそのもの。仕事でＥメールもほぼ使わなくなり、代わりに使うのがウィーチャットです。なので、仕事で新たに誰かと出会うと、別れ際にはウィーチャットの交換がお約束となり、以後、仕事の話もグループを作ってリアルタイムでやりとりします。丁寧なメール作法などは全部省略、さっさと本題に入るのが中国流です。

最近では、複数人によるビデオチャット機能も付き、スカイプを一切使わなくなってきました。中国に住む人と連絡をとる最高の方法、それがウィーチャットです。ぜひ、来《きた》るべき日のため、携帯にインストールしておきましょう。

偽札と電子マネーの関係

タオバオを説明した際に出てきたアリペイですが、もともと二〇〇四年に実装されたタオバオ中の支払いシステムでした。それが、いまや中国ナンバーワンのシェアを誇る電子マネーのアプリへと進化しました。

アプリを開くと、「支払」「転送」「集金」など、お金を移動させるアイコン。コンビニやスーパーでQRコードをスキャンすれば、支払いもその場で可能。もうすっかり、財布を持ち歩く習慣もなくなりました。

さらには、携帯料金もこのアプリで払えてしまうし、映画や電車のチケットも買える、またタクシーだって呼べるんです。ネット上の支払いも、基本的にはアリペイがあれば大丈夫ですし、実店舗も、アリペイのQRコードを設置している店がほとんどです。

僕が上海に来た二〇一二年にはまったく普及していなかったのですが、いまや常識。現在では、日系の店も導入するようになってきました。日本では電子マネーが多様化し過ぎて使いづらく、クレジットカードか現金が主な支払い手段ですが、中国ではタオバオの急速な発展によりアリペイが一気に普及したことが、最終的に良い結果となったわけです。

二〇一二年ころは「銀聯《ぎんれん》カード（ユニオンペイカード）」を使う中国人が多かった印象で

すが、いまやすっかり見かけなくなってしまいました。友人間のお金の受け渡しや割り勘の際にも、また母親が息子にお小遣いを渡す際も電子マネー――そんな時代が、中国には、既に到来しているのです。僕も現金持ち歩き主義でしたが、すっかり電子マネーの便利さに慣れてしまい、いまでは携帯電話を手放せなくなってしまいました。

ただし、アリペイの登録には一苦労します。中国語のページを進んでいき、パスポートを使って本人認証をする。ここまででもなかなか大変なのですが、一定額を超えるやりとりをするためには、銀行口座との関連付けが必要になってきます。よって、銀行で口座を開設し、ネットバンクを開いてと、なかなか日本人が一人ではできそうにない試練を乗り越える必要があります。

ただ、そこまでは大変ですが、その分、使えるようになると、もう病《や》みつきになってしまいます。日本でも早く対応しないかなと、内心思っている今日この頃です。

この電子マネー業界は、すっかりアリペイの独り勝ちかと思われていたのですが、そんなことは他社が許しません。待ったをかけたのがテンセント。このテンセントという会社は、インターネット初期に普及したＱＱというチャットツールの開発元なのですが、同時に先ほど説明したウィーチャットの開発元でもあります。いまやウィーチャットは、日本におけるＬＩＮＥのように、生活になくてはならないほどの、圧倒的ユーザー数を誇るアプリです。

本物の100元札（上）と偽物（下）。中央の「100」が明らかに違う

そして、二〇一四年秋、このウィーチャットに「ウィーチャットペイ」が搭載されたのです。インターネット界の一〇年の差は埋めようがないものだと思い、僕は当初、ウィーチャットペイは普及しないと踏み、アリペイ一択でした。ところがサービス開始から三年経とうとしている二〇一七年には、ウィーチャットペイはアリペイに並ぶ電子マネーアプリに成長しました。

ショッピングと結びついたアリペイと、チャットツールと結びついたウィーチャットペイ。実際、機能的にはあまり変わりませんが、中国では必ずといっていいほどどちらかの電子マネーに対応しているので、みんな両方持って使い分けています。

ちなみに、電子マネーが成功した背景には、中国の紙幣事情も少なからず関係しています。中国の最高額紙幣は一〇〇元……日本円で一六〇〇円くらいです。そう、中国には、日本の一万円札のような高額紙幣がありません。偽札防止のためともいわれていますが、これがなかなかに不便。日本円で一〇万円くらいの買い物をしようとすると、人民元の現金なら、もう札束の塊《かたまり》、持ち歩くのがものすごく不便です。社員の給料を現金で払おうとしたらアタッシュケースが必要なレベル。デビットカードや電子マネーがありがたがられる風潮には、こんな背景がありました。

そして実際、偽札も少なからず存在しています。以前、日本に帰国する直前に七〇〇〇元を空港で両替しようとしたところ、係の人の顔がグググと歪《ゆが》み、僕を怪しげな目で見てくるのです。話を聞いてみると、一〇〇元札七〇枚のうちに、五枚も偽札が入っている、とのこと。あるイベントの際に現金でいただいた給料に、どうやら偽札が五枚、日本円で八〇〇〇円分が紛れ込んでいたようなのです。

散々疑われましたが、最終的に身の潔白を証明しました。が、五〇〇〇元分の偽札は没収され、僕の八〇〇〇〇円は消えてなくなりました。このときほど強く、「これからは電子マネーでもらうようにしよう」と思ったことはありません。皆さんも、偽札にご注意を！

中国版「食べログ」と出前は

「大衆点評（ダージョンディエンピン）」というアプリがあります。これは日本でいうところの「食べログ」と同じようなサービスで、基本的にレストランの口コミサイトと思っていただいて問題ありません。そのなかに人気レビュアーがいたり、電話なしで予約できたりと、中国で生活するうえで必須のツールです。

最近では、ホテルの予約やアミューズメントランドのチケット割引購入ができるようになったり、銀行カードと紐づけして支払いができるようになったり、使い切れないほどの機能が実装されています。

もちろん、日本人と中国人で味の好みは分かれますから、「評価が高い＝必ず美味しい」というわけではありません。が、あまり外れたことがないのも事実です。地図から探したり、キーワードや料理のジャンルから絞り込みができたりするので、何かと便利です。

何よりすごいのが、この大衆点評が、海外の店まで網羅《もうら》していることです。以前、撮影のために北海道の美瑛町《びえいちょう》に行ったときのこと。電車の乗り継ぎのため、駅で一時間くらい空き時間ができました。ちょうどお昼どきだったこともあり、近くの喫茶店で小腹を満たすことになったのですが、思い立って大衆点評を開いたところ、北海道の片田舎にもかかわらず、レビューがあるわあるわ……興味津々《きょうみしんしん》になって、近所でいちばん評価の高い店に行ってみたところ、お客さんが全員中国人という驚きの結果が！　つまり、大衆点評の評価を操れれば、中国人をお店に呼べるということですね。

それは日本だけにとどまりません。友人の結婚式に呼ばれてオーストラリアのゴールドコーストに行ったときのこと。現地の中国人の友人と晩御飯を食べるために店探しをしていたのですが、ここでも美瑛町と同じことが起こりました。大衆点評の高評価店には、現地の人がおらず、すべて中国人という結果になりました。ここまであからさまな結果が出るというのは、逆に恐ろしいことです。

確かに、どちらの店もおいしかったのですが、隣の雰囲気が良さそうなお店には、中国人は一人もおらず……いずれにせよ、大衆点評は要チェックです。飲食業をやっている人は、ダウンロードして、ご自身のショップの評価を覗いてみてはいかがでしょうか。

もう一つ、食べ物関係で触れなければならないのが、出前です。上海の街を一度歩いてみれば分かるのですが、出前のバイクが非常に多い。その辺に石を投げれば必ず出前のバイクに当たるくらい、中国は、出前バイクの天国です。

出前の仕組みは、こんな感じです。アプリや出前サイトが登録店を増やしていき、別途、配送業者と契約、アプリやサイトを通じてお店に注文が入ると、店側に通知が届きます。すると店側は伝票に注文データを印刷して調理に入り、できあがるころには配送業者を店に呼ぶ。こうして配達のおっちゃんが、電動バイクに乗って料理を各家庭に運んでくれるのです。容器は使い捨てパックを使っているので、回収に来る必要はなし、運び切ったら業務終了です。

消費者から見ると、アプリやサイトごとに契約店も店舗数も違うので、たくさんの選択肢から選ぶことができます。各地の中華料理だけではなく、ピザなどイタリア料理、和食に韓国料理、サラダやジュース専門店に至るまで、本当に様々な店舗が出前に対応しています。また個人店舗だけではなく、場所によっては、日系のチェーン店の味千《あじせん》ラーメンや、すき家、丸亀製麺《まるがめせいめん》なども、リストに入っています。麺をどうやって出前するのかというと、茹《ゆ》でた麺とスープが分離された状態で届き、届き次第、自分で盛り付けして食べる、という仕組みです。

あまりにも便利なので、利用者は増える一方。結果、街中は、青、黄色、オレンジなど、各社色とりどりのユニフォームを着た出前バイクが道狭しと走り回っているのです。

ネットを通じて注文してから三〇分から一時間もあれば玄関先へ持ってきてくれるので、時間を逆算すれば、外食に行く時間も短縮してゲームに打ち込めます（あれ？）。注文してから届くまでの時間がアプリ上に表示されており、どうやら到着時間が遅かったり注文者からの評価が低かったりすると、配達員の給与に響く仕組みになっているらしい……彼らも必死です。

以前、僕が注文した際、玄関口まで持ってきてくれなかったことがありました。低評価を付けたのですが、その後ものすごい勢いで、配達員から電話が来ました。

レストランの前にずらりと並ぶ出前バイク

「何が良くなかったんだ！ いますぐ高評価に直してくれ！ 早くしろ！」――そう、外国人には聞き取れないくらいの早口でまくしたててくるので、それ以来、怖くて低評価が付けられずにいます……。

そんなサービスが可能なのは、人件費が低いことがなせる業《わざ》。市街地では、料理の代金にプラス五元程度で配送してくれます。もしくは、一定額以上の注文で送料が無料になったりするので、寮暮らしをする学生にはうってつけ。ルームメイト全員で出前を取ると送料がかからないので、みんなこぞって出前を取るのです。しかも学校の近くには安い店が多いので、ものすごく便利です。

外食をしにいこうと外を見ると土砂降《どしゃぶ》りの大雨……そんなときは出前を頼む格好のチャン

ス！　家でぼーっとしているだけで、数十分後には熱々のご飯を、びしょ濡れのおっちゃんが持ってきてくれます。ちょっと心苦しい気もしますが、動画制作で外に出る時間も惜しい僕にとって、本当に頼りになるサービスです。

こうしたアプリは、飲食だけに留まらず、美容、マッサージ、語学教室、映画、親子のアクティビティ、ブライダル関連まで手を伸ばしており、サイトを通さず正規の値段で購入してサービスを受けるのがバカらしくなるくらいの値引きをしています。

どうやら、中国のアプリの特徴として、一つの事業で成功すると、どこまでも事業を拡張させていく、という傾向にあるようです。うまく行っているのかどうかは測りかねますが、この貪欲《どんよく》さは、見習ったほうが良いかも、と最近思うようになりました。そうそう、もちろん支払いは、アリペイかウィーチャットペイ……本当にすごい。

自転車→自動車→自転車社会？

二〇一六年秋口から一七年の春にかけて、中国の街並みに変化が起こり始めました。地下鉄駅の周りに特定の自転車がズラリと並ぶようになったのです。そうです、いま中国は、空前のシェアサイクルブームなのです。

二〇一六年四月に始まったのが「mobike」というサービスなのですが、オレンジと銀色の二色の自転車を街のいたるところに設置しています。これら自転車は運営会社が提供するスマホアプリで簡単に開錠・施錠でき、三〇分一元、道路脇の白線内の駐車可能位置なら、どこに乗り捨てても可という手軽さから、瞬く間に普及しました。

最初一社だけだった運営会社も、現在、上海では約一〇社にまで増加、約三〇万台という自転車が街にあふれ返っています。最近では、電動自転車のレンタルを行う会社まで登場してきました。この電動自転車に付いている電池は、深夜、業者が一台一台取り替えているようです。

ここ数年、自動車の普及により、大都市では渋滞と排気ガスが深刻な問題になっていました。そのため政府は、自動車免許の試験の難易度と合格基準を上げつつ、免許取得者を減らしてきました。また、ナンバープレートの取得料も高額に設定し、かつ抽選で当たらないと手に入らないようにしました。

本当に恐ろしい話なのですが、日本だと数千円で手に入るナンバープレートが、上海だと一五〇万円くらいするのです。冗談抜きで、車よりナンバープレートのほうが高い。また、地域によってナンバープレートの値段が変わります。

そして、上海ナンバー以外の車は上海の高速道路を走れない時間帯がある、といったように冷遇されています。地元ナンバーがないと渋滞に巻き込まれる確率が上がるので、何とか地元ナンバーを手に入れようと、みんな必死になって抽選に臨む……こうした背景も、シェアサイクルを普及させようという動きの背中を押しています。

シェアサイクルの導入に向け、二〇一六年末から翌年春にかけて、持ち主の分からない自転車が大量撤去されました。駅周辺の錆《さ》び付いた自転車がなくなり、新品のシェアサイクルが並び、景観も一新されました。

一つ残念だったのが、駅に置きっぱなしにしていた僕の自転車が、壊れても錆び付いてもいないのに、撤去されてしまったことです。その日を境にすべてを悟り、そっと携帯にシェアサイクルのアプリをインストールしました。

ところがそれから時は経ち、シェアサイクルも各社競合するようになり、駅前の一等地には様々な色の自転車が並ぶようになりました。結果、放置自転車があった頃よりも駅周辺が混雑している……これは内緒です。こうした部分も含め、日本にはない「とりあえずやってみよう」という中国の姿勢は、最近、徐々に好きになってきました。

では、ここでもう一つ、シェアサイクルに関する笑い話を——。

黄色い自転車の会社「ofo」の提供する自転車は、初期にはアプリでQRコードを読み取ると、その自転車の四桁の施錠番号が表示されるようになっていました。先述の「mobike」はQRコードを読み取るところまでは同じですが、通信機能で鍵が遠隔操作できるようになっており、アプリを通じてのみ開錠が可能な仕様でした。その分「ofo」が初期登録料を安く抑えることに成功したのです。

ところが、この四桁の番号は個体に割り振られたもので、同じ自転車であれば、二回目からもその四桁の番号を入力すれば開錠して乗ることができるという、致命的なシステムホールがありました。そのため、自転車を自宅の玄関まで持って帰り、鍵番号を管理して自分の自転車として利用するような輩《やから》が現れました。

すると会社は開錠システムを急遽《きゅうきょ》、大幅に変更。現在は、番号で鍵が開く個体はぐっと少なくなりました。

僕のなかでは、昔の中国は自転車大国というイメージ。それが二一世紀に入って急速に自動車社会になり、それが二〇年も経たないうちに、また自転車時代に逆戻りしているのですが、この流れはあまりにも速い……しかもその流れに、おじちゃんおばちゃんもしっかりと付いていく。このあたりに中国のすごさを感じます。

中国の法律では一二歳以下の公道での自転車走行が禁止されていますが、その一二歳を下に、上は六〇歳以上の高齢者まで、スマホ片手にレンタル自転車を探す姿が見られます。

そもそも高齢者がスマホで電子マネーを使いこなしている国家なんて、現在、中国以外には存在しないような気がします。他の先進国が何十年もかけて電子化社会にゆっくりと移行しているなか、ここ十数年で最先端に追いついた中国のＩＴ事情には、目を瞠《みは》るものがあります。

すると二〇一七年、中国で大流行した「mobike」が日本に進出するという報道がありました。既に欧米での成功例があるようですが、中国発のサービスが日本に受け入れられ根付いていくのか、注目していきたいところです。

中国の四大動画サイトとは何か？

さて、第二章で動画プラットフォームの話をしましたが、ここでもう少し深く掘り下げてみましょう。日本では、ユーチューブとニコニコ動画の他に、最近は「AbemaTV」や「hulu」「アマゾンビデオ」などの動画配信サービスが登場していますが、中国にも動画配信プラットフォームが複数あり、鎬を削っています。

まず特筆すべきサイトは、「優酷（ＹＯＵＫＵ）」でしょう。もともと大きなプラットフォームでしたが、二〇一二年、「土豆網」と持ち株を交換する形で合併しました。そして、当時のネットユーザーの三分の一が「優酷土豆」のユーザーになるほどの大胆なプランを打ち出したかと思うと、二〇一五年には、タオバオのアリババが五六億ドル（約六〇〇〇億円）で優酷土豆を買収しました。

同社CEOの古永锵は、「エンターテインメントの全盛期に向けてEコマースと文化娯楽の総合プラットフォームにする」と宣言。まだ整理されていないものの、優酷土豆にショッピング機能が加われば、動画プラットフォームだけではない要素も組み込まれ、唯一無二の存在になっていくと予想されます。

こと優酷に関しては中国版ユーチューブと呼ばれることも多いように、黎明期《れいめいき》から総合動画プラットフォームとして慣れ親しまれてきました。しかし二〇一六年、優酷土豆を脅かすプラットフォームが現れました。それが「百度（バイドゥ）」傘下の「愛奇芸（アイチーイー）」です。

これは、もともとアメリカの「hulu」をモデルに作られた、緑色がテーマカラーの動画サイト。番組の品質にこだわり、ユーザー生成型コンテンツというよりも、テレビ番組のクオリティに近い自主制作番組と、海外の映画やドラマをVIP会員向けに配信しています。二〇一六年には会員数が急速に伸び、優酷土豆を抜き去り、中国でユーザーがいちばん長く動画を見るプラットフォームに成長しました。

また、ウィーチャットのテンセントの動画サイト「腾讯视频」や「LeTV」も順調にユーザー数を伸ばしており、現在の主要プラットフォームは、右記の四つといってもいいでしょう。

ユーザーの滞在時間が長い動画サイトとしては、右記四つ以外にも、湖南テレビ傘下の「芒果TV（マンゴーTV）」と、先述の「哔哩哔哩（ビリビリ動画）」が挙げられます。

湖南テレビは、中国国内でバラエティ番組を作らせたら右に出るものがいないほどのチームで、若者からも愛されており、自局の番組のネット配信などで着実にファンを増やしています。どちらもサイト自体のファンが多く、二〇一七年一月の合計ユーザー滞在時間は、マンゴーTVが四・三億時間、ビリビリ動画が二・五億時間と、それぞれ四大動画サイトに続き、五位と六位を獲得しています。

ちなみに第一位の愛奇芸は四二・七億時間。映画やドラマ、長時間バラエティにアニメなど、長時間動画の数とユーザー数の掛け算で、ここまで大きな数字に膨らんでいます……中国、恐るべし、です。

二〇一四年頃にはサイトが乱立し、激しいシェアの奪い合いを展開していましたが、最近、落ち着いてきたような感じがあります。各社、生き残りをかけて、独自のサービスや番組の制作に余念がありません。

そのために重要となるのが、有料会員のシステムです。四大動画サイトは、それぞれVIP会員の制度を設けており、様々な特典を用意して、ユーザーが離れていかないよう工夫《くふう》しています。どのサイトも一ヵ月で約二〇元（約三三〇円）、年間で一七〇〜二〇〇元（約二八〇〇～三三〇〇円）の料金体系で、動画再生前の煩《わずら》わしい一分前後の広告動画がなくなり、サイトが版権を入手した最新映画が見放題となっています。

会員になると他の動画サイトへ流れて行きづらくなるので、プラットフォームは現在、この点に注力しています。以前の中国では、「動画は無料で当たり前」という認識が一般的だったので、こうした課金ユーザーが多数現れてくる現象は、個人的にとても驚きです。

総じて現在の中国のネット動画は、ユーザー生成型の動画と、プラットフォームなどが制作するプロ仕様の動画との二種類に、しっかり住み分けが完成した印象があります。ユーチューバー的な動画と、テレビ番組的な動画の二極化が極端に進んだといってもいいでしょう。

ユーザー生成型のコンテンツは、ビリビリとウェイボー内の秒拍が特に強く、ゲーム実況などは優酷や騰讯などの大型動画サイトでも一大ジャンルを築いています。日本のように商品レビュー動画が少ないのが大きな違いではありますが、基本的に、ゲーム動画は大きな人気を誇っています。ゲームの大会「e-sports」も中国では大人気なため、ゲーム関連の動画は非常に伸びやすいのです。

ただ、我々外国人がやろうにも、ゲーム実況はトークスキルが必須。視聴者の心にダイレクトに響く中国語を操り続けるのは至難の業《わざ》です。僕は早々に諦めました。

全解剖——人気動画の中身

さて、プラットフォームの概要を紹介したので、今度はどういう動画が受けているのか、具体的に紹介していきましょう。

実は、僕が上海に住み始めた二〇一二年頃と現在は、状況が大きく変わっています。二〇一二年頃はコンテンツ自体が少なく、趣味が色濃く出た世界で、いってみれば最も濃厚だったかもしれません。それが二〇一五年頃になると、先述したプラットフォーム間の熾烈な戦いが生まれ始め、プラットフォームはその都度《つど》、経営戦略を変え、他のサイトとの明確な差別化を図り始めました。

そうなると困惑するのは、個人動画制作者です。同じものを作って複数のプラットフォームにアップしていればよかったものが、プラットフォームとの相性の良し悪《あ》しが生まれるようになったのです。プラットフォームにとってみれば、独占契約で動画を上げ続けてくれる人を優遇したいですし、そうした人に宣伝資源や広告資源を優先的に渡したくなります。

つまり、日本でユーチューバーのマネジメントや技術を提供するマルチチャンネルネットワーク「UUUM」のような制作者の組合を、動画サイトが持ち始めるようになったのです。もちろん、特定のファン層が既にある人ならば不要ですし、動画制作者同士でグループを作り、相互に補完していくことも可能です。

日本との違いとして顕著なのは、動画を作るだけではなく、「どのプラットフォームで、どういう人に向けて発信していくのか」ということまで自分で考える点。面白くもあり大変でもある、中国で動画を作る際の醍醐味《だいごみ》みたいなものです。

そうしたなか、大成功を収めた例をいくつか紹介しましょう。まずは僕も個人的に仲良くしている「暴走漫画」のチームです。

彼らの手がける「暴走大事件」は、中国初のネットバラエティ番組です。優酷とテンセントはじめ主要なプラットフォームすべてと、ビリビリ動画で、抜群の人気を誇ります。被《かぶ》り物をかぶった司会者の「王尼玛（ワンニーマー）」が、日々起こるニュースをブラックユーモアを交えて一刀両断するスタンダップコメディを中心に、彼らのチームの役者が登場するショートコントやミニドラマが、大学生を中心に大人気です。

二〇〇八年から流行し始めましたが、最初は漫画で火が点《つ》きました。その後、二〇一三年から暴走大事件として動画化していくのですが、彼らが現代中国ネットにもたらした最大の功績は「表情パック」です。これは日本でいうところのＬＩＮＥスタンプなのですが、ＬＩＮＥが生まれる何年も前に、イラストと文字を入れた画像をユーザーと一緒に開発し、ウェイボーやＱＱのコミュニケーションをより活性化させました。

二〇一三年以降は、文字どおり彼らの独壇場《どくだんじょう》で、一本の再生回数が数千万から多いときには一億を超えるような状況でした。数年経った現在でも第一線を走り続けていることから、彼らは中国の若者のツボを心得た実力派なのだと実感できます。

この番組に参加した名誉ある日本人は、実は過去に二人いて、一人は僕、もう一人は、中華圏で絶大な人気を誇るPOP歌手、周傑倫（ジェイ・チョウ）にそっくりだと話題になったトニー大木《おおき》さんという「男優」です。知っておられる方は、なかなかの「通」ですね。

もう一つ、キャラでいえば「同道大叔」です。特筆すべきは、その内容。実に中国独自の方法で中国人の心をつかむことに成功しました。それが何かというと……「星座占い」です。

日本では血液型占いが人気ですが、中国ではもっぱら星座占いです。性格分析や相性占い、日々の運勢など細やかな情報を発信するだけでなく、星座に関するキャラクターの笑えるショートムービーを制作したり、生活に密着したコンテンツを作ることで人気を博しました。最近では、番組をテーマにしたカフェを中国各地にオープンし、新しいビジネスモデルを展開しています。

ネットアニメやネットドラマは？

ネットアニメについても触れておきましょう。

中国のネットアニメの草分け的存在が「有妖気」というサイトを運営する会社が作った「十万个冷笑话（十万ダジャレ）」です。二〇一二年に放送され、爆発的ヒットを記録したアニメ。早くて強引な展開力とギャグの連発で若者の心をつかみ、二〇一五年には映画化にも成功しました。

中国アニメーションの金字塔であったと同時に、十万个冷笑话からはアイドル声優も誕生しました。それが山新（シャンシン）ちゃん。かわいらしい声と表現力に、愛らしいマスクも相まって、中国アイドル声優の第一人者となりました。芸名なのですが、山新ちゃんの「山」は彼女が敬愛する声優の「山寺宏一《やまでらこういち》さん」から、「新」は本人の大好きなアニメ「名探偵コナン」の「工藤新一《くどうしんいち》」からとったというから驚きです。大の日本ファンで有名なのです。現在も山新ちゃんを脅かす存在はまだ現れておらず、中国声優界のクイーンの名をほしいままにしています。

ネットドラマはどうでしょうか。二〇一七年現在、ネットドラマは爆発的な発展を見せており、プラットフォームごとに流行する作品が変わってしまうため、ネット界すべてが注目するような話題作を一つ挙げるのは難しい。ですが、十万个冷笑话と同じく、金字塔となった伝説ドラマを紹介しましょう。それが「万万没想到（まったく思いもしなかった）」です。

二〇一三年に突如、現れたこのドラマも、十万个冷笑话と共通した、とにかく早くて強引な展開力が特徴的です。カットの移り変わりと表情の豊かさとギャグのキレが絶妙にマッチしていることに加え、撮影技術が高く、変な安っぽさを感じさせません。劇中には中国ならではのネタがふんだんに登場し、基本的に外国人には理解できません。

しかし、このドラマも大ブームを作り出し、以後、多くのネット動画製作者に影響を与えました。そして、シーズン3まで制作したのち、最後はやはり映画化の道へ。興行収入三・二億元を叩き出し、ネットドラマから映画への出世ロードを世の中に示したものです。

ちなみに映画の笑いどころは、比較的外国人にもわかりやすいような「一般化」が施され、評価が分かれたものの、大きな話題になりました。

中国的「ユーチューバー」とは

最後に中国的「ユーチューバー」を紹介しましょう。日本の皆さんも、もしかしたらご存じかもしれませんが、彼女の名前は「papiちゃん」。二〇一六年は彼女の年だったといっても過言ではありません。それだけ大きなインパクトを残しました。

彼女の動画は、「中国人ならではのあるあるネタ」を、一人複数役を演じ分ける三分程度の動画です。彼女の観察眼は素晴らしく、外国人から見ても「ああっ、こういう奴いるわ！」という笑いを提供してくれます。

たとえば、「正月に実家に帰った際に結婚を催促する両親とのやりとりあるある」とか、「金持ちの旦那を捕まえてブランドものをさりげなく自慢してくる奴あるある」とか、「体育の授業をすぐ数学の授業に変えたがる学校の先生あるある」など、彼女の動画を見ていると、本当に中国の庶民生活が見えてくるのです。すると、この「あるある」がリツイートを呼び、たった数ヵ月で、微博のフォロワーが一〇〇〇万を超える離れ業を成し遂げました。

彼女が有名になったきっかけに、独自の編集方法の発明がありました。先述した十万个冷笑話や万万没想到の登場により、短い動画は視聴者の注意を逸《そ》らさせない「テンポ」を重視するようになりましたが、papiちゃんは早口で喋るだけではなく、自分の動画を約一・五倍速にして流したのです。この発見は盲点をついたものでした。テンポも出るし、声の高さも上がり、一目見ただけでpapiちゃんの動画であると分かる「記号性」を生み出したのです。

これには僕も「やられた」の一言……以後、多くの動画制作者がpapiちゃんの真似をして倍速動画を作り、二〇一六年は倍速動画であふれたのです。さらに驚くべきことに、papiちゃんの動画広告枠がオークションにかけられ、なんと四億円で落札されたのです！　話題作りも商売の方法も、中国人って、本当にうまいですよね。

最近、papiちゃんは、以前のような作品を作らなくなり、生活の模様や友人との笑い話なんかをコンテンツにして流しています。倍速編集もなく、王者の余裕すら感じられます。いまでも中国ネット動画の影響力ランキングは第一位。才能と時代と戦略が最高にかみ合った彼女の登場により、現在の中国に「網紅」の言葉が生まれ、ネット動画ビジネスが一般的なものになりました。こうしてpapiちゃんは、間違いなく、末代まで語られるような功績を残したのです。

大流行の表情パックって何だ?

さてここでは、「表情パック」について紹介しましょう。

中国の社交ツールとして、ウェイボーやQQなどには絵文字機能が付いていましたが、それだけでは表せない感情を代弁してくれるのが表情パックです。二〇〇八年に暴走漫画が流行りはじめ、また彼らがネット上に四コマ漫画作成ツールを公開したことで、ネットユーザーがそれに反応、自ら漫画を作る傍ら、暴走漫画には独特のオリジナルスタンプが増えていきました。

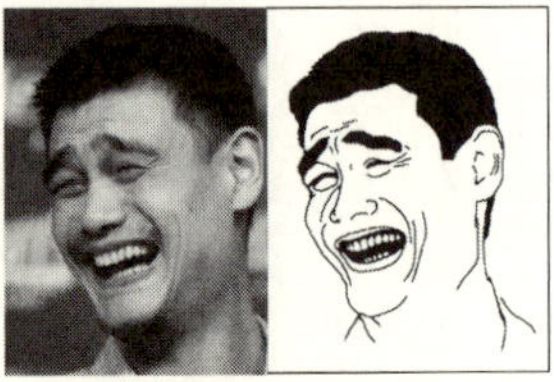
ヤオミン(「暴走漫画」より)

こうして若者は、画像として暴走漫画の表情と文字を独自に組み合

花澤香菜さん

金館長（「暴走漫画」より）

わせたものをチャットのなかに出現させ、コミュニケーションをとるようになったのです。可愛いかといえば頷きにくい絵柄ですが、二〇一一年に日本でＬＩＮＥが生まれ流行する前に、中国には既にオリジナルスタンプの概念が存在していたことになります。

その後、中国の表情パックは、また違う発展の形を遂げます。ドラマや映画の実写映像で役者が見せるとびきりの表情をスクリーンショットにおさめ、それに自ら文字を付けて、チャットで使うようになったのです。さながら自作実写版ＬＩＮＥスタンプ。肖像権に関しては、使われる側も知名度向上の一環ととらえ、事実上、ファンカルチャーとして黙認しています。

実は中国には、「三大表情キング」と称えられる人物がいます。三人それぞれの国籍は、日本、中国、韓国……あら仲良しじゃないの、と思いますよね。

まず中国代表が、ヤオミンというバスケットボール選手――。

この顔は、中国ネットでよーく見かけます。覚えておきましょう。

続いて韓国代表の金《キム》館長です――。

はい、こちらも本当に頻繁に目にします。中国人の友だちに、いますぐ無言でこの画像を撮って送って差し上げてください。「おい、何があった?」と、驚かれること間違いありません。

そして最後に日本代表、声優の花澤香菜《はなざわかな》さんです——。

この表情だけ切り取られ、彼女の名前を知らない人が「兵庫北」という名前で誤認識して広がったという、ぜひとも花澤さん本人には伝わってほしくない現実があるのですが、中国の爆発的な花澤さん人気の裏には、こうしたネット民に愛される「ネタ」が存在しているのも事実です。どうか花澤さんに伝わりませんように……伝わっても気を悪くしませんように……。

こうしたネットならではのユーザー生成型コンテンツが一般的になっていく過程というのは、黎明期《れいめいき》にものすごくたくさん見られました。これもいわゆる二次創作であり、中国独自のファンカルチャーでもあります。

こうしてみると、中国のネット民もなかなかにクリエイティブであること、ご理解いただけたのではないでしょうか。

生放送サービスでは何をやるのか

二〇一五年から一六年にかけての時期がネット動画ブームだったとすると、二〇一六年から一七年にかけては、生放送ブームが起こりました。最初、規制の厳しい中国で生放送に認可が出るはずなどないと高をくってスルーしていましたが、業界が伸びるわ伸びるわで、いま複数のジャンルにおいて動画よりも熱いのが実情です。

動画もそうですが、中国における禁止事項は比較的はっきりしていて、そこに触れない限りは何をやってもOK、という雰囲気があります。禁止されているのは、政府や歴史への批判、そして秩序を乱す恐れのあるもの……つまり共産党にとって不利益となる言動は取り締まりの対象です。また、性的な表現もグレーゾーンが多いのですが、過激な露出や演出は、日々取り締まりの対象になっています。

二〇一六年には、美女がバナナを食べる生放送をしたところ、アカウントが停止されたというニュースが流れました。中国にはネット検閲《けんえつ》をする機関があり、一〇万人規模で日々パトロールをしていると聞きます。僕たちも生放送でバナナを食べましたが、彼らのお眼鏡《めがね》にはかなわず、無事、バナナを食べ終えることができました。

現在、生放送のプラットフォームも乱立して、熾烈な競争をしているところですが、いくつか特徴的なプラットフォームを紹介します。

まずは、中国国内最大規模の「闘魚（ドウユー）」です。ゲーム実況と美女の生放送が人気のコンテンツで、一日のアクティブユーザーが二〇〇〇万人を超えるプラットフォームです。

次に、「一直播（イージーボー）」が特徴ある生放送アプリです。このアプリの製造元はウェイボーの子会社、つまりウェイボー上の生放送は、すべて一直播になるのです。ウェイボーとの関連性が強いため、一直播で生放送を始めると自身のウェイボーのフォロワーにそのまま通知が届くので、新規アプリ内で新しいフォロワーを獲得する必要もありませんし、逆にアプリ内で有名になれれば、自動的にウェイボー上でもファンが獲得できるシステムになっています。

そのため、中国ネットユーザー間において二〇％程度の普及率（第一位）を誇る生放送アプリとして知られています。

その他、前身が特徴的なアプリとしては、「ＹＹ　ＬＩＶＥ」があります。これは、中国で流行する前から人知れず生放送サービスを提供しているアプリ。もともとはＰＣアプリでネット上の生音声チャットや美女生主（配信者）の放送をメインにしていましたが、近年は携帯アプリに特化し始め、歌手や芸能人をゲストに招く生放送番組も積極的に制作して、注目を集めています。

ちょっと変わり種の生放送サイトとして最近、注目を集めているのが、「タオバオ生放送」です。これはもうお分かりの通り、店主が自由に放送できる通販生放送。商品を売るためにその場で実演したり、お客さんのコメントに丁寧に答えたりして、商品の魅力を伝えます。そこからワンクリックで商品ページに飛ぶことができて、その場で電子マネーの決済も可能。購入完了したらお店の人からお礼をいわれるという、なんとも不思議な体験ができます。

中国版ジャパネットたかたの社長が生まれるとしたら、ここからかもしれません。

もう一つ、ビリビリ生放送に関しても紹介しておきましょう。ビリビリにも生放送機能はありますが、それほど一生懸命に開発している印象はありません。ただ、ここで見る生放送はBGMに日本の音楽が流れていたり、日本語でコメントすると好意的に反応してくれたりするので、日本人にとってはとっつきやすい生放送かもしれません。

実際に何人か、日本人が生放送をしているのを見たことがありますが、他のサイトと違い、日本人ウエルカムな空気があるので、フォローを始めやすい生放送でしょう。また、動画のフォロワーも共有できるので、生放送と動画を組み合わせることで、ファン獲得の効率が良いサイトともいえます。

ただ、先に紹介した生放送サイトでは、視聴者が放送主に渡すサイト内通貨のやりとりが活発であるため、職業として生放送をして生計を立てることが比較的やりやすい、という現実もあります。好意を「投げ銭」で表すことに、渡す側も受け取る側もあまり抵抗ないのが、日本との違いでしょうか。中国では生放送の「投げ銭」だけで、一ヵ月に数十万円から数百万円稼いでしまう人も存在しているようです。

若者が夢中になるゲームって？

さて中国の若者は、一体どんなゲームに夢中になっているのでしょうか？　ここでは日本との比較を交えながら、中国の最新ゲーム事情をお伝えしていきます。

まず日本と違い、プレイステーションやＷｉｉなどの据え置きゲーム機が、あまり流通していません。そもそも値段が高いという問題と、入手経路の問題、さらにはゲームソフトがほとんど中国語化されていないという問題があります。

実は中国人にも、日本ゲームのファンはかなり多く、たとえばポケットモンスターやデジモンなんかはアニメの人気もあり、中国でも大流行……しましたが、中国語版の正規品がリリースされていないので、みんな英語版や日本語版で遊ぶか、もしくは中国語に変換するパッチを当てて遊んでいたりしたようです。

そのため、中国の若者は、任天堂が公式に中国語版をリリースしてくれるのを心待ちにしていました。そして、ついに二〇一六年一一月に発売された「ポケットモンスター・サン＆

ムーン」には、待望の中国語標準搭載！　全中国のポケモンファンが狂喜乱舞で感動をウェイボーにつぶやきまくりました。「ようやく任天堂が振り向いてくれたぞ」「ようやく正規版で遊べる」といった声が多く見られました。

しかし、ニンテンドーDSやプレイステーションVITAを持っている人は少数で、大多数の若者はパソコンゲームに夢中になります。主なところでは、「オーバーウォッチ」「リーグ・オブ・レジェンド」「DOTA」などのオンライン対戦ゲームです。携帯ゲームだと、「キング・オブ・グローリー」が若年層の間で超流行しています。

また「e-sports」の流行もあって、これらゲームのプレイヤーがそのままスターのような扱いを受けたり、賞金数千万円の大会に参加したりして、業界を盛り上げています。ゲーム実況で人気なのもこのラインで、日本を大いに盛り上げた「スーパーマリオメーカー」の動画も、中国ではまったく流行しませんでした。

ただ若者は、オンラインゲームに堪えうるパソコンを、みなが持っているとは限りません。そんな彼らが向かうのが、ネットカフェです。中国のネットカフェは日本のそれとはまったく違い、宿泊施設の要素を兼ねていません。コミックもゼロ冊……で、ひたすらズラリとパソコンが並んでおり、その前にヘッドフォンをしてゲームに勤《いそ》しむ若者がキーボードをたたいています。まさにゲーム専用の空間。なかなか殺伐《さつばつ》とした雰囲気が漂っています。

「网吧（ワンバー）」というのがネットカフェという意味の中国語です。覗《のぞ》くのは無料なので、中国旅行の際は、ちょっと覗いてみてはいかがでしょう。

日本でも中国でも共通の人気ゲームは、いくつか存在します。パソコン端末で遊べる「ファイナルファンタジー」や、「バイオハザード」「メタルギアソリッド」などはファンが多く、「アイワナビーザガイ」という難易度の超高いゲームも、日本と同様に人気がありま す。さらに日本のゲームではありませんが、「マインクラフト」も中国で根強い人気があります。

日本のホラーゲームも、中国人の心をつかんでおり、「呪怨《じゅおん》」などのタイトルは、僕たちが実況プレイをすると再生回数が伸びるゲームです。二〇一四年から二〇一五年にかけては、日本とほぼ時差なく「ラブライブ！」の「スクフェス」という音楽ゲームが、中国のビリビリ動画界隈《かいわい》を中心に爆発的ヒットとなり、社会現象にもなりました。

逆に、「ドラゴンクエスト」や「刀剣乱舞」などのゲームは、日本での人気に対し、なかなか中国では苦戦しているようです。ちなみに日本でも人気のアメリカ産「Grand Theft Auto」シリーズは、暴力表現が強すぎるため、中国国内では禁止ゲームとなっています。

キャラボイスが日本語のゲームが

現在、日本で主流の携帯ゲームの課金システムに「ガチャ」というものがあります。強キャラクターを手に入れるためにポイントを溜め、ガチャを回して新キャラクターを手に入れる仕組みですが、排出率が低く設定されているため、なかなか手に入れることができません。そこでやけになって課金してキャラを手に入れる……という課金システムなのですが、中国ではあまりなじみのないものです。

中国では、課金したら確実にキャラが強くなる、だから課金する、という、かなり合理的な考え方が一般的です。知り合いから勧められ、とあるゲームのチャンピオンのインタビュー記事を見ると、「どうやったら、あなたのように強くなれるのですか？」と聞かれたところ、「簡単だよ、課金すればいいんだ」という身も蓋《ふた》もない答えが書かれており、唖然《あぜん》としたことを覚えています。

そのため、中国人の感覚としては、日本のような確率論に左右されるガチャは受け入れられないのではないかと思っていたのですが、その常識を超えるゲームが、二〇一六年に登場しました。その携帯ゲームこそが「陰陽師《おんみょうじ》」です。

「陰陽師」は、ネットイースという会社からリリースされたゲームなのですが、これまでの中国の携帯ゲームの常識をことごとく破っています。

まず、テーマが陰陽師。思いっきり和風です。さらに課金モデルはガチャ課金、ガチャを回して出てくるのは、中国ではあまり馴染みのない日本の妖怪たち。茨木童子《いばらきどうじ》とか酒呑童子《しゅてんどうじ》が最強キャラとして出てきます。さらに全編ストーリーがフルボイスなのですが、びっくりすることに、キャラボイスは日本語！　しかもヒロイン役の声は釘宮理恵《くぎみやりえ》さん、妖怪の声にも杉田智和《すぎたともかず》さんや梶裕貴《かじゆうき》さん、保志総一朗《ほしそういちろう》さん、女性陣も水樹奈々《みずきなな》さんに竹達彩奈《たけたつあやな》さんと、そうそうたるメンバーが名を連《つら》ねています。

キャラクターデザインも凝っていて、最初は日本のゲームが中国に入ってきたと思って日本のサイトを検索してみたのですが、ヒットしなかったので、かなり戸惑いました。クオリティが高いのはすぐに分かったのですが、正直うまくいかないだろうなと思っていたところ、ビリビリを中心に爆発的なブームが巻き起こりました。

ビリビリ動画のなかでは、アニメや日本の声優さんに詳しい人、あるいは日本のゲームが好きな人が多いので理解はできましたが、何より驚いたのが、ウェイボーでも大きな話題を呼んだことです。

そのすごさたるや、おおよそ日本のゲームなんて遊んでいないようなサラリーマンが電車のなかで「陰陽師」で遊んでいるほど……そんな風景を何度も見かけたので、本当に流行っているんだなと、認めざるを得なくなりました。

しかも、このゲームのすごいところは、ガチャの確率です。レアカードは「R」、スーパーレアカードは「SR」、超レアカードは「SSR」とランクが付いており、ランクによって排出率が違います。SSRに至っては一％の排出率ということで、まあ出ない。

僕も意地になって、かれこれ二〇〇回くらい回しましたが、結局、一枚も出てきませんでした……こんな確率でやっていたらクレームが来るんじゃないかと思い、ハラハラして見ていました。

すると、SSRが当たった人が大喜びでウェイボーやウィーチャットに流し、羨望《せんぼう》の眼差《まなざ》しを集める図式ができあがり、みんな開発側の思惑《おもわく》通り、一％の可能性を信じて課金しまくる流れが完成してしまいました。

結果、二〇一六年の一〇月から一二月の三カ月間だけで、ネットイースの携帯ゲームの売り上げは九・三一億ドル（約一〇〇〇億円）にのぼり、その額における「陰陽師」の貢献は少なくないといわれています。

ここまで日本の要素を前面に押し出したゲームが中国で成功を収めるのは、ネットイースの友人いわく「中国初」とのことで、アプリのダウンロード数においても二〇一七年四月の段階で一億を超え、全世界合計だと、二億を超えています。中国国内でもかなり成功した部類に入り、当初の僕の予想は、いとも簡単に裏切られる格好になりました。中国の可能性っていうのは本当に無限大だな、とあらためて思い知らされました。

中国の出会い系アプリ事情

最後に、中国にもある出会い系アプリの最新事情も書いておきましょう。

いま出会い系アプリは細分化が進み、本当に様々なもので出会いが実現するようになりました。代表的なものが「陌陌（モーモー）」というアプリで、二〇一一年から使われている出会い系アプリの老舗《しにせ》です。登録すると近くで暇をしている人を見つけられるので、文字や電話で話をして気が合えば実際に会う、という王道アプリです。

しかし、ユーザー増加によって広告成分が多くなったりしており、現在は二〇一四年にリリースされた「Tantan」というアプリが外国人たちに人気なようです。僕のアメリカ人の友人ウィリアムスも、ここで中国人女性と出会ったと嬉しそうに話してくれましたし、日本人の友人で同い年の松尾さんも、最近シンガポール人と出会えたと報告してくれました。

新華網によると、「Tantan」は二〇一六年一一月、一日のアクティブユーザーが五〇〇万人を超え、六〇億回のマッチングをしているらしく、近年、先に紹介したウェイボーやウィーチャットに次ぐ社交プラットフォームとして地位を確立した、と報道されました。

僕は顔が割れてしまっているのでなかなか踏み出せないのですが、面白そうです。

ただ、中国アプリ初心者には、何といっても「ウィーチャット」が一番のお勧め。日本語にも対応していますし、使い方もLINEと似ているので、慣れるまでに時間はかからないと思います。登録したら付近の人を探し、気になる人がいたらアタック開始！　という具合に進んでいきます。が、中国の出会い系携帯アプリは、現在はほとんど実名認証が必須となっていますので、あまり変なことをしないように気をつけてくださいね。

友人いわく、この手のアプリのコツは、常にデータを更新して、アクティブな状態を保つことらしいです。声がかかったり、返事が来たら、こまめに返信——これを繰り返していけばチャンスは訪れるとのこと。もちろん、アイコンの写真選びには気を使ってくださいね。何らかの画像加工も、しっかりしましょう。男性であれ女性であれ、相手もしっかり加工していますから（?）。

また、海外アプリでは「Tinder」が中国でも使えます。登録して使い始めると、登録している異性の顔写真が次々と出てきて、好みか好みじゃないかを、次々決めていきます。そうすると自動的にマッチングしてくれるようなのですが、友人いわく全部「好み」にして、とりあえず返事をもらえるようにすることが大切だ、ということです。あんた、仕事しに上海に来てるんじゃないのかよ！

ちなみに中国人男性のあいだでは、日本人女性は大人気です。可愛らしく、おしとやかなイメージが定着しており、日本人女性というだけで、中国人男子グループがざわつきます。

試しに自分の写真を超可愛く加工したものをアイコンにして、上記のアプリのいずれかにログイン、一言メッセージを「好寂寞啊（さみしいな）」にして放置してみましょう。予想以上の反応があるかもしれません。

僕と同い歳のアーティスト仲間の三奈《みな》ちゃんは、ウィーチャットのアイコンを、女子らしく花にしています。それだけでも、所属しているグループチャットの男子から、困ってしまうくらいに多くの連絡が入ったことがあるようです。

しかしその後、アイコンを筋肉ガチムチの男の画像に変えたところ、パタリと連絡が止まる……それもさすがに寂しいなと思って、今度はアイコンを自分の顔写真にしてみたところ、変わらず連絡が来なかったと、憤《いきどお》っておりました。本人は可愛らしい人なんですがね、ご参考までに。

第六章　ネットから見えるこれからの日中関係

いままた日本を必要とする中国

本書も最後の章に突入しました。皆さん、どうでしょう？　なかなか日本に住んでいると分からない中国事情、僕がいま夢中になっている国のことを、理解していただけているでしょうか。さて、ここでも、知られざる、とっておきの話をします。

反日というイメージが強かった中国ですが、いままた、日本を必要とし始めています。日本を旅行して食や風景を満喫し、日本の文化に触れ、それまでとは違った日本のイメージを自分の頭に上書きした中国人たち。炊飯器も洗浄便座も買ってもらい、あと他に何が必要なんだろうと思うかもしれませんが、ここが日本の力の見せどころだと僕は思っています。

そう、必要とされているのは「コンテンツ」です。もっと分かりやすくいうと、ネット番組やネットドラマなどの映像作品です。

中国インターネットの急速な発展と今後の潜在力に関しては、説明してきたとおりです。ただ現状、僕には、「消費」に対して「生産」が追い付いていないように見えます。つまり、視聴者はものすごいスピードで動画を消費し、常に新しい刺激を求めているのに対し、視聴者をアッと驚かせるようなコンセプトの番組が、まだ中国ネット界には少ないように思うのです。

たとえば日本のドッキリ番組は、中国で大人気です。おそらく中国人が作れないジャンルの一つだと思います。僕たちは小さい頃から見慣れたものですが、こうした動画の断片がウエイボーで出回り、何千リツイートもされるほどの反響を生んでいます。

他には、「深夜食堂」や「孤独のグルメ」などのグルメ番組が大流行しています。こうした番組を中国向けにアレンジすると、より大きなムーブメントを生めるような気がしています。

個人的な感覚では、中国人のバックパッカーが増えると思うので、旅を題材にした「電波少年シリーズ」のような番組、外国人が中国大陸を旅するような番組、夏のアクティビティやウインタースポーツを楽しく紹介する番組なども、この先、注目されていくような気がしています。あとは、歌番組やファッション番組も、まだ可能性がありそうです。

日本に旅行するのだけれど、団体旅行の人たちが行かない店や、日本文化の楽しみ方を教えてほしいと、何度も頼まれるのですが、専門分野じゃないので良い答えができず、いつも悔しい思いをしています。正統派の旅行番組でB級グルメを紹介する番組があっていいのかもしれません。

また、フラッシュアニメのような低予算アニメもしかり、日本人が監督するネットドラマもしかり……小さなテレビ局を作ってしまいたいくらい、中国でやってみたいコンテンツのアイディアが溜まっています。

こうした、現在の中国にはない、しかし普遍的な価値のある番組は、数年経つと中国国内で作られるようになるはずです。その前に、ぜひ日本のクオリティで、彼らをアッといわせたいなと、僕は思っています。

いま、日本人のきめ細かい番組構成力や大胆なアイディアが中国ネットで求められています。また中国人から、番組やドラマを一緒に作りたいという相談も受けます。ぜひ中国で、チャレンジしませんか？

名乗りを上げたのは北海道テレビ

そうした僕の思いやアイディアを実現してくれた企業があります。それが、札幌に本社を構える北海道テレビ放送（HTB）さんでした。

HTBさんといえば、あの大泉洋《おおいずみよう》さんの出世作「水曜どうでしょう」でお馴染みのテレビ局。北海道出身の自分にとっては「水曜どうでしょう」を見て大きくなった（一六一センチですが）といっても過言ではないので、本当に嬉しい悲鳴が出るようなコラボでした。

二〇一六年の春、まだ札幌の街に雪が残る頃、僕の動画の特別篇「紳士の1分間劇場・札幌編」の撮影は始まりました。舞台は札幌にある架空の高校。複数キャラが登場するミニコ

HTBとの共同制作コント「紳士の１分間劇場」

ントのオムニバスですが、全編日本語で、出演者も含めほぼ日本人という構成での挑戦のため、中国語は飛び交いません。言葉では笑わせられないので、言語に頼らない顔芸と、分かりやすい構成で視聴者を楽しませよう、というプランに落ち着きました。

幸い中国人も、日本の学園モノには馴染みがあるので、状況が説明不足になることもないだろうと、元小学校だったスペースを借り、五日間に及ぶ大掛かりなロケが始まりました。

制作プロデュースはＨＴＢさん、脚本・監督は僕の大学時代の親友で映像プロデューサーの加藤秀仁《かとうひでひと》さん、僕は企画と出演の二役で参加しました。この企画には札幌市からも予算をいただいており、中国向けのインバウンド推進動画として、札幌の魅力を随所にちりばめる必要もありました。

ここでも僕の大学時代の友人が助けてくれました。作曲家の野村知秋《のむらちあき》さんです。このシリーズのエンディング曲を書き上げてくれたのです。歌詞が「札幌、札幌、札幌」だけの、札幌ゴリ押しの曲で視聴者を洗脳しようという作戦でした。

そして出演してくれたのは、僕が札幌時代に何度もお仕事をさせていただいた劇団「ELEVEN NINES」の面々で、本当に二つ返事で快く引き受けてくださいました。

さらには札幌時代に交流があったプロデューサーの佐藤《さとう》みつひろさんの紹介で、この企画を面白がってくださったサッポロドラッグストアー（以下：サツドラ）さんが協賛してくださることになり、地元企業と僕のネットワークが一点に結び付く、そんな集大成のような舞台が整っていきました。

ちなみにサツドラさんでは、僕がパッケージを監修した山下オリジナルフェイスマスクや馬油《マーユ》などを、オリジナル製品として作ってくださいました。中国ネットのネタを入れ込んだインパクトばっちりの商品でしたが、先日、北海道に戻ってお店を覗いてみると、まだ棚に並んでいました……みんな、ぜひ買ってください！

かくして、個人で動画を作っていた僕にとっては恐縮してしまうくらいにプロのスタッフに囲まれた、緊張感のある撮影となりました。合計四週分を撮影したのですが、結果、ビリビリ動画だけでも通常の二倍ほどの再生回数が出て、放送から一年以上経った時点でも第二弾を望む声が寄せられています。

友人たちと動画を作るのとは違う達成感に浸りながら、こうした仕事を今後もしていけたらいいなと思った瞬間でした。日本、とりわけ北海道と中国を結び付ける企画を作り、良い結果を残せたし、自分が好きなメンバーと一緒に仕事ができた……個人的には願ったりかなったりで、関係者には感謝の念しかありません。

日本語が完璧な中国人たちの素顔

さて、中国の漫展にゲストとして呼ばれることが多い僕ですが、それとは別に、日本の有名人が中国に来た際のイベントMCをやらせていただくこともあります。これまでにも「@JAM in Shanghai」で、中川翔子《なかがわしょうこ》さん、でんぱ組.incさん、SUPER☆GiRLSさん、東京女子流さんの出演するステージの進行を務めました。また、声優の保志総一朗さん、柿原徹也《かきはらてつや》さん、平川大輔《ひらかわだいすけ》さんとのイベント、浅沼晋太郎《あさぬましんたろう》さん、大須賀純《おおすかじゅん》さん、神尾晋一郎《かみおしんいちろう》さんのイベントなどの司会もやらせていただきました。

日本で活動していたら絶対に共演できない方々との仕事に、毎度興奮し、緊張して死にそうになるのですが、いつも会場で驚くことがあります。それは、会場のお客さんの大部分が日本語をほぼ一〇〇%聞き取れるということです。出演者が喋り終わると、通訳を挟む間もなく笑い声が聞こえてきて、日本語で客席に話しかけると、日本語で答えが返ってくるんです。

あれ？　僕、司会兼通訳で呼ばれているのに、ぜんぜん必要ないじゃん……と思うこともしばしばですが、本当に日本好きの方々は、日本語がうまい。中国に長く住んでいると、中国語を喋れるアドバンテージを生かそう、なんて思ったりするのですが、実際は、日本からゲストが来るイベントは、すべて日本語でいけちゃうくらいに「日本」です。しかも聞いてみると、「アニメを見てるうちに、勝手に話せるようになった」って、どれだけすごいの？

さらにライブとかになると、また違った一面が見られます。アイドルのライブなどでは、日本とほぼ変わらないレベルのコール（合いの手）が日本語で入り、ペンライトをキレキレの動きで振り回すヲタ芸なんかも、しっかり中国人がマスターしているのです。アイドルソングだけでなく、観客の楽しみ方まで伝わっているなんて思っていなかったので、相当びっくりしました。

中国の若者はここまで細かく日本を見ているのだなと、ちょっと身が引き締まる思いがしました、ホントに。

「中国人はマナーが悪い」への反応

そうそう、列に並ばない、大声で話す、路上で子どもにおしっこをさせるなど、日本にいると聞こえてくる中国人のマナーの悪さ——中国にいる僕としても、正直、耳が痛い話題です。あまり触れてきませんでしたが、そうしたことへの日本の反応は、ウェイボーなどを通じて一部の中国人にも伝わっています。日本人の冷ややかな視線に対して、彼らは何と思っているのでしょうか?

まず我々が理解しなければいけないのは、中国人と、一まとめにくくってはいけないということです。中国は日本と違い、地域格差や所得格差、そして教育格差が大きいのです。育った環境によって受けられる教育の種類も変わり、金銭的な余裕がなければ自ら教育の道を選ぶことはできません。

また、年代による考え方の違いもあります。僕の周りの中国人は、そうした中国人に対して嫌悪感を抱くことが多く、「やめてくれ!」「同じ中国人として恥ずかしい!」と、批判的に見ています。そして、「いまはまだマナーが悪いけど、時間とともに良くなるはず。中国の発展は早いんだ!」と言い聞かせて、マナー向上に前向きです。

実際、いまの若者と中年世代、そして老人世代のあいだで、中国はめまぐるしく変化しました。現在、上海に在住する四〇過ぎの知り合いは、小さい頃、家には冷蔵庫がなかったといいます。業者のおじさんが自転車で大きな氷を持ってきて、その場で砕いて分けていたのもつい最近で、いまやその人たちがスマホを操り、電子マネーで買い物しまくっているのです。ここ数十年でそれだけ大きな変化があった……しかし、誰もがこの急速な時代の移り変わりに付いていけるわけではありません。

ただ、最近の若者のマナーは比較的いいのではと思うのですが、いかがでしょうか？

現状は憂うべきと思いますが、彼ら中国人が遊びにきてくれるおかげで盛り返した日本の観光地があるのも事実です。そして何より、彼らの観光がまだ「浅い」というのが大きなポイント。

いまはガイドブックに書かれた路線で、一週間に東京・箱根・京都・大阪を駆け抜ける強行日程が珍しくなく、二回目の訪問は、一週間に札幌・小樽・旭川・富良野《ふらの》・美瑛を駆け抜ける、やっぱり強行日程。さらに電化製品や化粧品を買う時間も必要なので、結局、まだまだ日本を遊び尽くせていないわけです。

ウインタースポーツやアウトドアのアクティビティ、日本文化への接触は、まだまだ未体験ゾーン。そしてそこにこそ、違う国を訪れる醍醐味《だいごみ》があると思います。もともと日本は、炊飯器と便座を買いに来る国ではありません！　僕は、中国の人たちが日本に新しい目的を持って、何度も足を運んでくれるような、そんな情報発信をしたいと思っています。

中国の人のマナーはどんどん良くなります。いろいろな感情はあるでしょうが、未来を信じましょう。

中国で活躍するネットの日本人

いま僕のように中国のネットで活躍する日本人は、果たしてどれほどいるのでしょうか？実は、まだまだ少ないのが現状です。

動画を始めた頃、自分の存在価値が脅かされないよう、必死になって毎日、空に向かい「日本の有名人は中国ネットに進出してくるんじゃやねぇ！」と強く祈っていました。ところがしばらくすると、自分一人では「ムーブメント」を作れないことが分かってきました。一人に付くファンの量には限界があるからです。

僕は中国でいちばん有名な外国人ネットタレントになることを目標に、毎日休まず動画を更新し続けました。その結果、二〇一七年夏の時点で、中国のネットタレントランキング一四位を獲得。もちろん上位一三人はすべて中国人です。この状況は現在も変わっておらず、僕よりも有名な外国人ネットタレントは、まだ存在しません。僕が個人で発信できる情報には限度があるので、結果、中国人の「知りたい」を十分に満たせているわけではありません。

仲間が欲しい！　そう思ったのは、動画を毎日更新し始めて一年くらいが過ぎた頃でした。

外国で一人、部屋にこもって動画を作っているわけですから、情報も足りないし、スランプもあるし、日本語で愚痴りたいときだってあります。見事に日本の有名人が中国ネットに進出してこない状況を前に、「日本人来るな！」と祈っていた自分を心底、呪いました。

それでも、同じく中国ネットに興味を持ち、僕のところへ駆けつけてくれた仲間が二人います。二〇一六年三月から加わった、宮崎壮玄さんと三河宏輔《みかわこうすけ》さんです。

宮崎さんは、先にも紹介した通り、「日本屌丝」の第一作に友情出演してもらい、留学期間が終わったあとも日々の動画に出演してもらう関係を続けました。そして彼が大学院を修了したタイミングで、再度、上海に来て一緒にやってくれないかとオファーしました。それを快く受けてくれて、現在に至ります。

三河さんは、実は僕の高校一年時のクラスメイトで、卒業後も就職後も仲良くしている数少ない友人の一人でした。噂で彼がオーストラリアのブリスベンに住んでおり、職探しをしていると聞いたので、「中国面白いよ！」と無責任に言い続けていたところ、ある日「遊びに行くわ！」とのメールが……こうして彼が家に遊びに来て、一緒に動画出演や制作に関わ

モデルの浅井悠佑さん（バラエティ番組「非正式会談」より）

っているうちに、お互い楽しくなって、あとは強引かつなし崩し的に仲間に加えました。三河さん、本当にごめんなさい。

彼らの加入により、動画で実現できることも増えて、自身の負担も軽減できました。その後も、少しずつ新しい仲間も増えていきました。

浅《あさ》井《い》悠佑《ゆうすけ》さん（通称：ＹＯＹＯ）は、日本と中国とインドネシアの血が入った一九〇センチオーバーのイケメン日本人モデルです。中国の、とある坊さんにビジネスしようと持ちかけられて、その話に乗ったら、なんと坊さんが突然行方不明に……北京の街に一人取り残され、財布を見たら全財産が五元だった……そこから這い上がってきた、なかなかファンキーな大阪人です。

ＹＯＹＯは中国の大学を卒業しているので、

中国語は僕とは比較にならないほど流暢。中国のテレビバラエティにレギュラーで出演し続ける日本人として、かなり稀有《けう》な存在です。仲良くなるまでに、そう時間はかかりませんでした。

そして、一緒に「筋肉教室」というコントをシリーズで撮ったのですが、あまりにもシュールなノリに中国人が付いてきてくれず、一〇回を待たずして打ち切りになった過去があります。

ただ、ＹＯＹＯもテレビ番組やネット番組の出演を経て、着実に知名度を上げています。二〇一六年には、ユニクロアジアの日本人モデルとして、中国ユニクロ全店舗にポスターが貼られ、僕とはまた違うルートでチャイニーズドリームを追いかけています。

動画を作る仲間でいうと、公介《こうすけ》くんも、僕と同じ時期にグルメ系の動画を作り始めた日本人です。北京で大学院生をやりながら様々な中国の珍味にチャレンジする企画が受けていたのですが、家庭の事情で日本に帰国せざるを得なくなり、動画の更新もまちまちになってしまいました。別々の都市にいたので、まったくコラボできなかったのですが、早く復帰してほしいです。

そして最近、中国で頭角を現して来ているのが、上海在住の一《いち》ノ瀬《せ》飛鳥《あすか》くんです。甘いマスクと僕よりずっと流暢な中国語で、女性ファンを中心にフォロワー数を増やしています。

アイドル歌手になることが目標で、現在、ボイトレとダンスのレッスンを受けながら、その模様を動画にしてアップしています。正統派アイドルとして日本人がどこまで行けるか、彼の挑戦も見ものです。最近は僕も彼を動画のゲストとして招き、個人的にも応援しています。

他にも、元グラビアアイドルで、僕と同様、中国語もろくに話せないのに中国に飛び込んできた女の子がいます。知人の紹介で知り合った渋谷《しぶや》ゆりさん、彼女も生放送を中心に上海で活動しています。僕たちは男くさい動画を作っているので、たまにゲストで出てきてくれるだけで、男性ファンは大喜びします。ああ、男って単純、ですね。

中国でアイドルを目指す一ノ瀬飛鳥くん（故酱）

そして不定期ではありますが、日本から中国に向けて動画を発信している人物もいます。彼は「日本哥玩微博（日本語お兄さん）」として、ウェイボーを通じ中国人に日本語を教える活動をしています。以前、一緒にファンミーティングをやったことがあるのですが、中国の事情通のため、いろいろ教えてもらうことも多いです。東京に行った際には必ず会うような仲になりました。

助けてくれた中国の友人の素顔

では、続いて僕を助けてくれた中国人の仲間も紹介したいと思います。既に何度も登場していますが、僕の動画に頻繁に出てくる中国人のQくんです。

Qくんは、僕がビリビリ動画で更新を始めた頃からずっとサポートしてくれています。もともと別の中国人12くんからコラボのお誘いを受けた際、通訳としてやって来たのがQくんでした。Qくんも上海に住んでいたことがあり、それからしばらくはQくんの動画に定期的に出してもらったところ、彼のファンに僕の名前を知らしめることになりました。彼がいなかったら、いまの僕はなかったと思います。

Qくんは、中国の動画のなかで気を付けるべきこと、笑いのツボの違い、日本人であることのメリットとデメリットを教えてくれます。そして、中国の動画制作者の友人に僕を紹介してくれたりと、受けた恩は数え切れません。また僕の動画にも出てもらうようになってからは、作品の幅も一段と広がりました。

同時に、Qくんを紹介してくれた12くんにも感謝しなければいけません。ビリビリ動画に迷い込んだ僕を保護してくれたのが彼です。Qくんを紹介してくれただけでなく、彼のチームがやっているゲーム実況に参加させてもらったりして、たくさんの人を紹介してくれました。

当時の彼は、ビリビリ動画のなかで自分のチームを作り、チームの兄貴分として後輩の面倒を見ており、皆に慕われていました。しかし僕の中国語が下手すぎて、ゲーム実況中の会話がまったく成立せず、「放送事故」みたいなことが起きまくりました。それでも彼は非常に僕のことを可愛がってくれました。

ただ、その後、彼はビリビリ動画の規約を破ったとして、ビリビリ動画から追放されてしまいました。中国語がまったくできない当時の僕には何が起こったのかさっぱり分からず、オロオロしていた記憶があります。結局、その後、僕と絡むことで悪影響が出るとまずいということで、12くんは連絡を控えるようになり、徐々に疎遠になっていきました。なので、山東省に住んでいる彼とは結局、一度も会えず終《じま》いです。

彼は顔出しなしのゲーム実況者で、つい最近までQくんとも会ったことがなかったというほどに、徹底してネットのなかの人として振る舞っています。最近もまた不名誉なスキャンダルが起きたのですが、なんだかんだいって話題の中心にいます。そういうスター性を持っているのかな、と思います。僕がもう少し有名になったら、何か恩返しをしたいなとも思っています。

高学歴なトマトちゃん（歩歩）

そして、最近仲良くしている日本在住の中国人の友人が、「トマトちゃん」と「ビンビンちゃん」です。トマトちゃんは東京大学を卒業して、現在は早稲田大学大学院に在籍していますが、一緒に「紳士の１分間劇場」に出て「変顔」を晒《さら》してくれるなど、いい意味で振り切れた女の子です。ちなみに、渋谷１０９の「リズリサ」でショップ店員をやるくらい、スタイルも抜群です。

ビンビンちゃんは先にも紹介しましたが、最近では日中イベントの司会をしたり、忙しく駆け回っています。二〇一六年には、僕と一緒に日本のニコニコ超パーティーの中国向け生放送の司会をやり、イベント現場でばったり顔を合わせることが多くなりました。

その他にも、僕のことを先輩として慕ってくれる中国人の動画制作者はたくさんいて、彼らと一緒にチームを組むといろいろなことができるのではないかと、ワクワクしてきます。

「受験生頑張れ」という内容の動画を作った際には、様々な友人に友情出演してもらいました。コラボ動画も作っていますが、まだまだできることがたくさんあると思います。

外国人が異国で暮らすことは、以前よりも簡単にはなりましたが、やはり苦労は付き物です。何回もいうようですが、そんなときに力を貸してくれた彼ら彼女らには、しっかりお返しをしたいと思っています。まだまだ僕も頑張らなきゃいけません。

中国語もできず中国で映画監督を

この流れで、僕を助けてくれた日本人の話もしましょう。もちろんトップバッターは、僕を中国に受け入れてサポートしてくれた鳥本健太さんです。

鳥本さんは、すでに中国在住一〇年以上のベテラン。上海をベースに現代美術のマネジメントの仕事をしています。ショッピングモールやホテルなどに芸術作品設置のプランを提案し、アート作品を納品したり、日中アーティストの展覧会を企画したり、最近では出身地の北海道新得町《しんとくちょう》で「GANKE FES」という野外音楽フェスを主催したりしています。

中国で活動するに当たり、うま過ぎる話が来たり、詐欺師《さぎし》的な人が現れると、鳥本さんがしっかり選別して整理、常に僕がやりたいようにできる環境を整えてくれました。その鳥本さんが普通の人と違うのは、「このプロジェクトが面白いかどうか」が最大の判断基準であり、モチベーションであること。

鳥本さんに関しては、ネット上にいくつかインタビュー記事があるので、ぜひそれを見てください。特に、「ライフハッカー」というサイトの連載に、鳥本さんの人柄と僕との話がうまくまとめられて掲載されています。

次は、映画監督の加藤秀仁さん。中国でネットドラマを撮ろうと思ったときに、真っ先に相談した友人です。映画やドラマの知識のない僕に適切なアドバイスとヒントをくれるだけではありません。ドラマの次回作の話が来た際に、怖くなってガクガク震える僕を見かねて、中国語なんてまったくできないのに中国まで来て、メガホンをとってくれました。こうしてプロの技を駆使し、中国ユーザーに、新しい感動を届けてくれたのです。

加藤さんは二〇一六年から一七年にかけて、中国人チームを率い、僕が主役の合計約二〇〇分の連続ドラマ「日本屌丝2」を見事撮り切りました。いま日本で、中国ネットの動向を理解し、中国人スタッフと長編映像作品を作れる監督は、彼以外にいないと思います。ぜひもっと有名になって、劇場版映画を撮れるようになってほしいです。そしてその際には、チョイ役でもいいので僕を使ってください。

こだわりを持って物作りをしていると、気が付けば周りに、近しい考えの人ばかりが集まってきます。いまも様々なプロジェクトが進んでいますが、どれもこの先が楽しみなプロジェクトです。今後も多くの人に助けてもらわなければ、人口約一四億の巨大な国には、良質のエンターテイメントを届けていけないと思います。まだ見ぬ未来のパートナーの方々、これからもどうぞ、山下一派に注目してください。

ネットで有名な日本人のタイプ

では、中国をメインに活動していたわけではないのに、いつの間にか中国にファンコミュニティができあがってしまったという、不思議な例も紹介しましょう。いま僕の周りで中国の人たちに支持されているのが、ニコニコ動画でお馴染みの「おさむらいさん」と「ゆう十《と》」さんです。

おさむらいさんは、アニメソングやボーカロイド曲などを演奏するギター弾きなのですが、ビリビリ動画での人気がすごい。実は、その裏には、中国でコンサートをこなしまくっているという事実があります。

おさむらいさんいわく、「演奏の環境が良いところばかりではないけれど、日本の人よりもギターに馴染みがないからなのか、すごく集中して聞いてくれている感じがする」とのこと。それで中国でのライブが大好きになったんだとか。年に何回も中国に渡っており、訪れた都市は僕より多いかもしれません。

ゆう十さんも二〇一七年になって知り合った歌手です。歌がすごく上手いのと、簡単な曲ならギター一本で、しかも短時間で作ってしまう器用さと、中国語を喋れないのに中国語の歌を歌う才能が並外《なみはず》れています。最初に歌を聞いたときは中国人かと思ってしまったくらい自然な発音で、動画の選曲が中国人にハマった際には、何千リツイートもされる実力派です。

二人とも早い段階から中国に向けた発信をしており、その地道な活動が、いまゆっくり中国で花開こうとしています。お二方とはコラボを通じ、僕も応援させていただいております。

他にもイケメン歌い手の蛇足《だそく》さん、「極楽浄土《ごくらくじょうど》」という曲で一世を風靡した「GARNiDELiA」さん、ダンサーの、みうめさん、217（にいな）さん、同じ踊り手で、めろちんさん、「むすめん。」の皆さんも人気が根強いです。

中国人に人気のユーチューバーは

では、中国人に人気のユーチューバーはいるのでしょうか。いや待てよと、そもそもユーチューブを見られないのに好きなユーチューバーってどういうことだよと思っている方、その拳をどうかお収めください。実は、海外在住のファンが、自身の日本語の勉強と趣味を兼ねて、日本の動画に字幕を付けて中国の動画サイトにシェアすることが頻繁に見られるのです。

なかには直接、アップした本人に連絡を取って、許諾を得たうえで転載しているものもありますが、すべてがそうとは限りません。ただし、結果として、中国でも人気のユーチューバーが存在するのです。

二〇一七年五月にアンケートをとりました。一位は最後に発表しましょう。

二位は、木下《きのした》ゆうかさん。中国人はグルメ大好き。食べ物をおいしそうに食べる木下さんの動画に癒やされる男女がものすごく多く、現在では木下さんを真似た大食い女性網紅「大胃王密子君」が中国でブームになっています。やっぱり、ものすごい量を食べます。

続いて三位は、はじめしゃちょーさん。この二人が並ぶのもなんだかあれですが、やっぱり言語以上にインパクトのある動画が中国人にもウケていたようです。

そして四位は、桐崎栄二《きりざきえいじ》さん。妹との日常が中国の若者にも受け入れられ始めており、何だか恐ろしい展開です。

彼らに続いて、五位に、ねこてんさん、僕と同じ北海道出身の怪盗PINKIDさんが並んでいます。怪盗PINKIDさんは最近、本人自らがビリビリ動画に投稿することを宣言して話題になりました。

さて、ところで皆さん、これらユーチューバーの面々をご存じでしたか？　付いてきていますか？

では、気になる一位ですが、それはキズナアイさんでした。

ええ？　ＨＩＫＡＫＩＮさんじゃないの？　と思う人が大半でしょうが、ＨＩＫＡＫＩＮさんは中国ではあまり知られていません。日本の商品紹介動画なので、そもそも中国では品物を買えませんから……。

さて、このキズナアイさんのことを知っている読者の方がどれだけいるのか分かりませんが、簡単に説明すると、人じゃありません。え？　と思った人も読み進めてください。キズナアイさんは世界初のバーチャルユーチューバーです。見た目はアニメのキャラクターとあまり変わらないのですが、そんな彼女が商品紹介をしたりゲーム実況をしたりする動画が人気なのです。ユーチューバーのことがさっぱりわからない方は、とりあえず上記の人たちの動画を一通り見たのち、キズナアイさんを見てください。どういうことか、はっきり分かります。

もちろん、卓球の福原愛《ふくはらあい》ちゃんや石川佳純《いしかわかすみ》さんは大人気ですし、新垣結衣《あらがきゆい》さんや石原《いしはら》さとみさんなど日本でも話題の人はもちろん大人気。嵐の人気もすごいですし、僕とすごく名前の似ている「山Ｐ」こと山下智久《やましたともひさ》さんも人気絶頂。よく「お前と山Ｐはどういう関係だ？」と聞かれるのですが、あまりにもたくさん聞かれるので「兄弟です」と嘘をつくようにしています（本当にごめんなさい、今度、謝罪に行かせてください）。

また歌手では、ONE OK ROCKが先日、上海ライブの会場を満席にしていました。当然、バーチャルアイドル初音ミクのライブも超満員になります。

ただ、ドラマ、バラエティ、映画など、普段からよく見る映像メディアを通じてファンになるケースが多いので、お笑い芸人はあまり知名度が高くありません。というのも、外国人にとっては日本の笑いが分かりづらいためです。ブルゾンちえみの面白さは、なかなか外国人には伝わりません……。

チャイナリスクとジャパンリスク

民間レベルでの文化交流がインターネットをつうじて盛んに行われようとしています。が、一方で、企業の皆さんは「チャイナリスクは避けて通れないのではないか」と心配しているのではないでしょうか。

まず、チャイナリスクとして思いつくのは、いわずもがな反日運動ですね。日中関係が冷え込むと、容赦なく、中国の日系企業は煽《あお》りを受けます。上からの指示やルールの変更などは日常茶飯事《さはんじ》、このことで僕も、日系企業のお客様を、何度か振り回してしまったことがあります。

最近では、動画サイトが広告動画のレギュレーションを変えた際、僕たちの動画が要件を満たしていない、といわれました。そのため公開を延期させられたのですが、思うようにコントロールできない青天《せいてん》の霹靂《へきれき》というのが、いくつもありました。自分のプロデュースではないにしろ、出演予定だったイベントが、なんと二日前に急遽《きゅうきょ》、中止になったこともありました。

そうした状況は珍しくないので、いちいち腹を立ててはいけません。その都度、臨機応変に対応する、それがこの国で生きていくコツなのかなと思います。

二〇一六年の在韓米軍の高高度防衛ミサイル（ＴＨＡＡＤ）配備決定を受け、中国では韓流コンテンツの締め出しや韓国製品の不買運動が広がりました。この締め出しが、えげつないったらありゃしません。

まず、大手メディアから韓国人が一瞬で消えました。もうこれ、魔術じゃないかと思うくらい、消えに消えました。ＹＯＹＯが出演しているテレビ番組が、中国に住む外国人が討論する番組だったのですが、収録現場にいた韓国人タレントが、オンエアの段になって、キレイサッパリ見当たらなくなったというのです。

中国を活動の拠点にしていた韓国人タレントの仕事は一瞬でなくなり、帰国や新たな活動の場を求めて別の地へ旅立つしかなくなった……これこそがチャイナリスク。

これを対岸の火事のように見ていましたが、こんなことは日本人にもありうるぞと思うと、背筋がぞーっとしたのを覚えています。もともとマスメディアに露出していない日本人はそれほど大きなダメージはないかもしれませんが、それでも一瞬で日本人に対する風向きが変わるわけです。

ネットの動画は自分が作るものだから、自分のシーンがカットされることはないにしろ、動画がアップできなくなったりする事態はあるかもしれません。

そうしたリスクは常にあるのですが、やはり僕は中国の若者に面白いものを届けたいと思いますし、そのためにこれまで頑張ってきたので、そのリスク管理はしっかりしていきたいと思っています。

また逆に、韓国人や韓国企業への締め出しがあったということは、いまは俄然《がぜん》、日本のチャンスでもあります。韓国が牛耳《ぎゅうじ》っていたポストがどっさり空いています。いまそこに、代わりに中国人が入っていますが、日本人が代わる余地はあります。

また近年は、コンテンツを求めて中国人が日本人の人脈を探し始めています。チャンスは二〇一七年から生まれたという気がします。自分の才能を海外で試してみたいという方は、いま中国が狙い目だと思います。

彼らを驚かせてみてください！

中国側の「ジャパンリスク」とは

一方、中国側が抱える「ジャパンリスク」というものにも触れておきましょう。

実際にあった話ですが、二〇一五年のある日、中国人であれば誰もが聞いたことのある中国の会社の広告案件が、代理店を通じ、僕の元に舞い込んできました。話を聞けば、その企業のCM出演のオファーというじゃないですか！　これは願ったりかなったりだと話を進めていくと、代理店からは、最終的に話がまとまらなかったという報告が入りました。

話を僕の推測を交えて整理してみましょう。つまり、大手であるからこそ、日本人は積極的に起用できない。何かあった際、その起用が国民感情を煽《あお》り、かえって僕に迷惑をかける恐れがある……なるほど。真偽《しんぎ》のほどはともかく、中国企業にも、日本人を扱うことで生じる「ジャパンリスク」があるのだと知った瞬間でした。

そしてこの瞬間、自分の出演を誰かに委《ゆだ》ねるテレビ業界への進出を一時的に諦《あきら》めました。まずは自分のコントロールが利《き》き、ファンが近くにいるネットでの発展を誓ったのです。

中国では、信頼できる中国人のパートナーがいるかどうかも、とても大事になります。中国のルール上、外国人ができることは限られているからです。また、タフな交渉では、中国人同士が中国語で条件を詰めていく必要が生じます。そもそも外国人は、中国で会社を作ることができません。

僕には鳥本さんの経営パートナー、徐燕《じょえん》さんという信頼できる中国人がいます。そのおかげで、ここまでやって来られたと思います。ときに「かなり強引だなぁ」と感じる徐さんの交渉戦術も、終わってみると「これが唯一の正解だったんだな」と実感できる、そんな機会が何度もありました。

本当にビジネス能力に長《た》けている中国人に接すると、あまりに日本人はお人好し過ぎると思います。お人好しは一〇〇パーセント成功しない、というわけではありませんが、中国では中国のルールに則《のっと》って交渉することの大事さを感じています。

動画の次は文化プロデューサー

実は、動画はいずれ引退したいと思っています。いきなりの引退宣言で驚かせてしまったでしょうか？　実は、これ、本音《ほんね》です。まだしばらくは続けていきたいと思っていますが、動画サイトの形態と、自分の掲げる日中文化交流のプラットフォーム作りに関しては、他にも方法があると感じています。

日本人で中国人向けに動画を作っている人は少ないと書きましたが、最近は、少しずつではありますが、日本人の動画制作者も増えています。僕はもともと動画を作るスペシャリストではありません。動画を通じた日本の情報発信こそが与えられた使命だと思い、ここまでやってきたのです。

そこで、代わりにやってくれる人が現れたら、僕は別なことをしたいと思ってきました。それは何か？　プロデューサーになることです。

何度か書きましたが、一人でこの膨大な数の中国ネットユーザーの期待に応えることはできません。極端な話、僕が化粧品を紹介したり日本の高級車を紹介したりすることには無理がありますし、僕がマスカラを紹介したところで誰も買いません。それぞれの領域に、それぞれのスターが必要とされます。しかし、三年ほど動画を作り続けてきましたが、日本人の作り手が自然発生することはありませんでした。

なぜだろうと考えると、やはりみんな中国のことが分からないし、どうやって始めたらいいのかも分からないからです。

おかげさまで僕は、いま中国での知名度もそれなりに獲得し、いろいろなつながりが生まれ、動画以外にも活動の分野が増えてきています。ただ、その分野も、文化という視点で見ると非常に小さい領域です。

もっと日本のクリエイティブな文化を、必要としている中国人に届けたい。そして、日本から輸出するだけでなく、中国人の作る、日本人が驚くような作品を日本に届けたい。そうすることこそが文化交流であり、そこに僕が描く未来があります。

日中間で重要なのは、もろもろの問題をいったん地面に下ろし、「ここでみんな楽しく遊ぼうよ」という空間を作ることだと思います。そうして、この場が盛り上がれば、結果として日中友好は生まれてくるのだと思います。

だからまず、肩肘《かたひじ》張らずに楽しめる空間を作っていきたい。その空間を作るためには、まずお互いを知ることから始めなければなりません。それがうまくいくかどうか、正直、分かりません。が、それを実証するため、いままで馬鹿正直に、中国の若者に向け、日本の優れたところもダメなところも紹介してきました。

するとどうでしょう、不思議なもので、ファンから嬉しいコメントをたくさんもらうようになりました。

そのなかには、「山下さんの動画を見て日本の印象が変わりました。教科書で学ぶ日本とは違った、とても楽しそうな日本に触れることができ、行ってみたいと思うようになりました」「日本に興味はなかったけど、友だちに勧められて見るようになって、毎日見るのが習慣になった。見ているうちに、だんだん日本文化に興味を持つようになりました」「下手くそな中国語でも何かを必死に伝えようとしている日本人を見たのは初めてで、とても日本人に親しみを持つようになりました」……こんなメッセージをたくさんもらえるようになりました。

「そうか、みんな知らなかっただけなんだな」と、ようやく確信が持てました。

僕の動画は、別に、天才的におもしろいわけではありません。それでもみんなが見てくれるのは、いままで知りえなかった日本への興味がいかに大きく、そしてその興味がいかに満たされていなかったか、その証拠だと思います。

文化交流で見た中国の新しい一面

本書の冒頭で、アートの力についてお話ししたのを覚えておられますか。アートは人の価値観を一気に変えることができます。

僕は、日本人がいちばん嫌われている（と思った）中国にやって来ました。嫌われて、いじめられて、そこから生まれる表現の可能性を探りにきました。ところが、そこで暮らしているうちに、中国でいちばん有名な外国人になってしまいました。

そこで思ったのは、「僕は中国に対し、偏見しか持っていなかったんだなぁ」ということ。劣悪な環境を想像していたのに、手に入れたのは、中国の若者に好かれる最高の環境だったのです。

この数年間で、僕の中国に対するイメージは、マイナス一〇〇からプラス一〇〇にひっくり返ってしまいました。ひっくり返そうと思って来たのに、逆にひっくり返されてしまうという返り討ちに遭いました。が、こんなに気分の良い返り討ちは、人生で初めてでした。

もちろん、中国のすべてに満足しているわけではないけれど、僕のなかでパラダイムシフトが起こりました。この現象がアートかどうかという議論には意味がないのでしませんが、表現者として、自身の体で実感した者として、この体験を日本にいる皆さんに伝えたいと思いました。これから日中間で、僕が経験したみたいな、信じられないような感動ストーリーが起こっていく可能性が高いのです。

傍《はた》から見ると、僕は完全に「中国側」の人間に見えるかもしれません。でも、これだけはいわせてください。日本の物作りに関わる人が輝ける場所は、日本だけではありません。反日というスローガンを掲げる隣国にも、僕たち日本人を心から迎え入れてくれるコミュニティがあるのです。

他人に必要とされることで、僕は自分に自信を持てるようになりましたし、彼らの期待に応えたいと思うようになりました。日本では芽の出ない逃げてばかりの臆病者でしたが、勇気を出して飛び出したら、人生初のモテ期を手に入れることができました。

この本を通じて伝えたいことは、まさに文化交流を通じて見えた中国の新しい一面です。そこにもっと焦点を当てるため、動画を作るだけではなく、人と人、文化と文化をつなぐような仕事をしていこうと考えています。

「日本の修学旅行」体験ツアー

では、中国がもっと日本のことを知り、日本が中国のことを知るために、僕たちは具体的に何をしていけばいいのでしょうか。国家間の交流となると、確実に政治問題と歴史問題に論点が移り、ネット上の言論は過熱して、制御《せいぎょ》不能になります。なので、基本的には民間による人材交流、もしくはコンテンツを通じた文化交流が考えられるのではないでしょうか。

現状、アニメを中心に、日本のコンテンツの輸出が進んでいます。まずこれを、もっと過多にする必要があります。良いものをどんどん中国人に見せて、日本のコンテンツがないと生きていけないような中毒状態の人を作れたら、それはもう最高ですね。

それにしても日本には、ちょっと現地化するだけで中国中の人気を集めそうなコンテンツがいくつもあります。本書で挙げた日本の番組や、日本のポップミュージックを流す番組も考えられると思います。

アニメのグッズも、より積極的に中国展開していったほうがいいでしょう。

基本的に、日本ではアニメを放送して、数字が良ければグッズの制作に入り、ファンがグッズを手に入れる頃には番組が終わっています。しかし中国では、速さが大事です。流行ったらすぐ欲しい！　でも日本にはグッズがないし、あっても日本人が買ったあとには残っていない。本当は正規品が欲しいのに海賊版しか買う術《すべ》がない、これが中国のアニメファンの声です。それならば、中国への流通経路を確保すれば、売り上げを劇的に伸ばすチャンスにもなります。

また、たとえばこういう旅行はどうでしょう。

中国人の日本ビザ取得条件に、個人旅行であれば前年度の収入一〇万元以上を証明するもの、もしくはそれに相応する資産の証明、団体旅行なら前年度の収入五万元以上を証明するもの、もしくはそれに相応する資産の証明の提出が義務づけられています。なので必然的に、団体旅行で日本へ訪れる人が多いのです。

そこで、こんな団体旅行を考えました。中国の若者が憧《あこが》れる「日本の修学旅行」を体験するツアーです。

参加者は事前に配布された制服を着て日本国内の集合場所へ集合。みんなでバスに乗り、日本の修学旅行と同じようにしおりを片手に、バスガイドさんの話を聞きながら観光名所を回っていきます。目的地に着いたら班行動、同じ制服を着た仲間たちと記念写真を撮って、夜は見回りの先生に見つからないように枕投げと恋愛話に興じる。そんな、アニメでしか見たことのない修学旅行を、中国の若者は、きっと楽しんでくれるはずです。

そう、日本にもともとあったものに、ちょっとアイディアを加えるだけで、中国の人たち、ないしは海外の人たちに刺さるコンテンツに生まれ変わるのです。

お土産にしてもそう。ロイズの生チョコレートが爆発的に売れていますが、中国人の生の評価を聞いたことはありますか？　実は、大半の中国人は、日本のスイーツを「甘すぎる」と思っているのです。中国人向けに甘さを控えたスイーツが必要とされているなど、意外と知られていないと思います。こうしたマイナーチェンジで、もっともっと日本のものが受け入れられていくことでしょう。

「フールジャパン」で文化交流を

話を文化に戻しましょう。文化とは人が作り出すものであり、映像、生活習慣、食、衣服、そして音楽に至るまで、非常に幅の広いものです。外国に生活していた人であればピンと来ると思いますが、日本を外から見ると、かなり不思議な国に見えます。その面白さや他国との違いは、やはり離れてみて分かることが多いのです。

これから日本の国際化に向けて、そうした視点を持つ人材は、ますます重要になっていくことでしょう。僕もその一員として、得意な日中間の文化のつなぎ手の活動を活発にしていきたいと思います。

僕たちが目指すべきは、カッコをつけた、キザな「クールジャパン」ではなく、もっと土着的で生活臭がして、みんながおバカになれるような「フールジャパン」であるはずです。そして、「フールジャパン」を日中間で体現する僕の目標は、「日中のローション」になることです。

……解説、必要そうですね。解説します。普通、日中文化交流として比喩《ひゆ》で使われるのが「日中の架け橋」という言葉です。でも僕は、いくら公共事業で橋を作ったところで、利用者がいなければ意味がないと思っています。その点、ローションはどうでしょう？　このギスギスした日中関係にまさしく必要なものではないでしょうか。

日中間では何かにつけて摩擦が起き、そのたびに誰かが傷ついて、損をして……と、まったく生産的ではありません。そこに橋を渡すのではなく、ローションをばらまきましょう。すると、なんということでしょう、バカバカしい反面、接着面がぬるぬるになって、いろいろなことがスムーズに動くようになるではありませんか！　あれだけ傷つけられた摩擦も、いつの間にかめちゃくちゃ気持ちよくなってしまっています。これこそが今後の日中関係の形！　日中関係2・0（ローション）です。

僕はこのスローガンを二〇一三年から掲げ、中国で笑われながらも、ここまでやってきました。ところが、冗談が冗談に聞こえなくなってきています。僕の周りの人間関係が少しずつ、ぬるぬるになってきているのを、肌で感じています。

さて、そこでまた一つ、皆さんにご報告があります。このたび私、山下智博は、新しく日本法人を立ち上げることにしました。その法人名が「株式会社ぬるぬる」——。

インターネットオリンピックを

株式会社ぬるぬるでの僕のミッションは、当面、日中関係をぬるぬるにすること。ですが最終的には、全世界をぬるぬるにして、佐藤栄作《さとうえいさく》さんに次いで日本人で二人目のノーベル平和賞をとることが目標です。そのために何をすべきか、ない頭を絞って考えました。本書も残り少し！　最後までお付き合いいただければと思います。

まず、平和の祭典といえばオリンピック。二〇二〇年の東京オリンピック・パラリンピック開催が決定し、賛否様々の議論が巻き起こっているのは皆さん周知の事実ですが、オリンピックそのものに対してどんな感情をお持ちでしょうか。

そりゃあ、前回の東京オリンピックも札幌オリンピックも長野オリンピックも盛り上がったし、過去のオリンピックにはそこまで悪いイメージはないかもしれません。ただ二〇二〇年に関しては、開催にものすごいお金がかかるし、テロが起こるかもしれないし、最近のIOC自体がぜんぜん平和じゃないし……と、文句をいったほうが話は盛り上がるのではないでしょうか。

僕もそう思います。何か平和じゃないと。そして何となく、世界的にオリンピック、ちょっと飽きられてきてないか？　とも思います。そこで株式会社ぬるぬるが提案したいのは、新しいオリンピックの形、つまり「インターネットオリンピック」、通称「ネトリンピック」です。

出場する選手は、世界各国のユーチューバーや中国の網紅の皆さん。二〇二〇年の東京オリンピックが七月開催なので、できればそれに先駆けて、四月から五月にかけて行いたいです。各国からユーチューバーを集めてきて、バカバカしいゲームにチャレンジ、勝敗を競っていただきます。

競技の例としては、「ドジョウ持ち五〇メートル走@大分」「わんこそば大食い対決@岩手」「牛の乳しぼり対決@北海道」「ぬるぬるローションツイスター世界一決定戦@SOD本社」など、日本各地の特産品や名産品を使った、日本のバラエティ番組が得意とするもの。バカバカしくも手に汗握る勝負の数々を企画し、参加してもらうのです。

その模様は、インターネットを通じて世界中に同時配信、日本の特産品を紹介しながら、自分の大好きなネットスターが国の威信（？）をかけて他の国のスターとバトルするのです。

そして、このオリンピックのもう一つの効能は、ユーチューバー同士のコラボを誘発できることにあります。

安くはないでしょうが、有名ユーチューバーを日本に招待するわけです。そうすると彼らは、日本で何をするでしょうか？　そうです、必ずといっていいほど動画を撮り、アップします。そうすると一定期間、ネットのトピックが、日本、日本、日本！　と、日本だらけになりはしないでしょうか？

こうすることで、オリンピックに興味のなかった層が、一斉にオリンピック開催地である日本に興味を持ち始めます。これこそが、僕の考える新しいオリンピックです。いかがでしょうか、ワクワクしてきませんか？

ちなみに、このオリンピックの良いところはまだあります。

二〇二〇年の東京オリンピックが終わったあと、日本がどうなるかを想像している人は、どのくらいいるでしょうか。いま観光界隈《かいわい》の方々も、二〇二〇年を目標にして作戦を立てていると思いますが、株式会社ぬるぬるは、五年後の二〇二二年とその先も見据《みす》えています。

そのポイントとなるのが、二〇二二年の冬季オリンピック開催地です。ここでもネトリンピックを開催したいと考えていますが、さて、二〇二二年の開催地はどこでしょうか？　ほとんどの人の頭にないと思いますが、実は中国・北京なのです。

僕の当面の目標は、日中間をぬるぬるにすること。東京でのネトリンピックを成功させたあと、舞台を中国に移し、ネトリンピックを定着させたいと考えています。そうすると何が起こるでしょうか？　もともとヨーロッパ人が考えたオリンピックという概念を我々アジア人が更新することになるわけです。

実際、日本にも中国にも、何となく欧米人に対し妙な劣等感を持っている人が多いはずです。でも僕は、これからは、アジアの時代だと思っています。

なので、最高にバカバカしくて、戦争しているのが無意味に思えてしまう新しいオリンピックを、東京から、日本から、北京から、中国から、そしてアジアから世界に提案したいと思っています。

なんとも壮大な戯言《たわごと》で、既に虚言癖《きょげんへき》の疑いをかけられそうなレベルではありますが、僕は至って真面目《まじめ》です。それに向けて一歩ずつ、日中ネット有名人の交流会やゲーム大会など、文化交流事業やネット向けバラエティ番組の制作などを積み重ねていきたいと思います。

ただ、残り時間を考えると、僕たちだけではどうにもなりません。いま気づきましたが、株式会社ぬるぬる、とかいってますが、実際はいま、僕しかいません……このままではマズい。

ぜひ助けてください！

中国人の日常に入り込んだ証拠

最後に、表現者としての自分の葛藤《かっとう》と、現段階での考えをつづり、本書を締めくくろうかと思います。そもそも、「日々更新する動画は薄っぺらいんじゃないか」という問題です。

有名ではないけれど、僕はいち表現者として、札幌時代にいくつか作品を残しました。そのときに作ったものは、いまでもなかなか良い出来だなと思えるものも少なくありません。なぜなら、じっくり時間をかけてフィールドワークを行い、表現の対象となるものや事柄の周囲の状況をしっかり観察して問題点を見つけ、それを数ヵ月かけて表現に落とし込むという、なかなか気の遠くなる作業を経て作品を作ったからです。

その分、思い入れもあるし、表現にも深さが伴います。こうすれば、前半に触れた、価値観をひっくり返す「表現の力」が宿りやすいとも思います。

しかし現在、中国でやっていることは、まるでその逆。毎日のように締め切りが訪れ、更新頻度《ひんど》を上げるためには一つの動画にかける時間も限られているので、自分が満足しない状態でアップロードすることもしばしば。どうしても深く作り込んだ「作品」は生まれず、自分の動画が薄っぺらく感じられ、自己嫌悪に陥《おちい》ることもちらほらとありました。

妥協《だきょう》して作っているものが、自分の思惑とは別に受け入れられ、人気が出ていくこの状況は、表現者として、なかなか複雑な心境ではありました。何というか、手を抜いているようで自分が許せない、そんな気持ちでした。

考えを改めるようになったのは、毎日更新を続けて一年くらい経った頃でしょうか。同じく中国を中心にドキュメンタリー番組を制作している竹内亮《たけうちりょう》さんの番組「我住在这里的理由（私がここにいる理由）」の取材を受けたときのことです。このとき、自分の矛盾《むじゅん》を、うまく言葉にして消化できたのです。

「毎日更新する動画は日々流れて行くもの、つまり毎日の食卓に並ぶ料理です。だから何月何日に何を食べたかなんて覚えていない、けど毎日ご飯を食べたことは覚えている。僕は中国の若者たちに毎日、日本食を作って食べさせている。きっと彼らは何月何日に何の動画を見たかなんて覚えていない。でも多感な時期に『山下の動画を見ていた』ことはきっと記憶に残っている。それが僕という人間が彼らの日常のなかに入り込んでいる証拠だと思うし、彼らの思い出の味になってくれれば、自分の一つ目の役目は終えられるんじゃないかと思っている」

こんなふうに竹内さんが、話を、僕から引き出してくれました。「僕が毎日のように作っている動画は作品と呼べるほどのクオリティじゃないけど、それが何年と積み重なり、最終的に線でつながったときに、誰にも真似できない強度を生み出すはずで、いまはその『線』

を作っている途中なんだ」と。

コンテンツの輸出を日本から

アーティストがお金のことを考えるようになったら良くない、という趣旨の言葉は、日本時代に何度か耳にしたことがあります。アーティストの創作の根源が金銭的なものにあっては表現の純度が鈍《にぶ》る、というのです。表現者のあいだでよくある葛藤ですが、僕は半信半疑でした。

確かに、変態的ともいえる特定の事柄に対する情熱に突き動かされた表現は、常人の理解を超えていることがしばしばあります。美しかったり汚かったりと様々ながら、一般人が作り出せないものを生み出すのがアーティストであるともいえますが、それだけを求められているわけではないと思うのです。

もっというと、僕はアート畑出身ではありますが、アーティストであることに拘《こだわ》りは持っていません。一方、いかに社会に対して有益なことができるか、ということは考えています。そして、いかに限りある人生を、自分がワクワクするために使えるかを考えています。

自分の置かれている立場を利用すれば様々なビジネスチャンスをものにできる。そしてうまくやればお金持ちにだってなれる。好きな車を買って、豪邸を買って、一生遊んで暮らすこともできる。そんな未来を妄想してみましたが、やっぱり三〇代の自分は、それにワクワクしませんでした。商売人から見ると、もどかしいことこの上ないでしょうが、それは自分の心が求めていることじゃなかったと気づいたのです。

僕が求める未来は、自分しかできないことをやり続けること、そして誰も見たことのない光景を最初に見ること、そしてそれを周りの人たちにシェアしてワクワクの輪を広げていくことです。だって、ネットのオリンピックが実現したら何が起こるのかワクワクするし、それでインバウンドがもっと活性化したらたくさんの人が喜ぶだろうし、外国人が日本のことを好きになってくれたらやっぱり誇らしいじゃないですか。

二〇代の時間は、自分の能力を高め、その力を中国の若者のために使ってきました。三〇代の時間は、もっと多くの人が楽しめるようなものを作ることに使っていきたいと思います。

中国に行って様々な体験をし、さんざん感動して、やっぱり自分の幸せは誰かに必要とされること、誰かと笑い合うことだと確信しました。正直、会社を立ち上げるとは思ってもいませんでしたが、これから必要なのは、多くの人の助けをお借りすること。そのためには、表現のことと同じように、お金のこともしっかり知っておかなきゃならないと思った次第です。

いずれにせよ、自分のやりたいこと、自分がワクワクすることに向かって邁進《まいしん》していくだけです。僕はまだまだ無知で、これから信じられない多くの失敗をすることでしょう。それでも前人未踏《ぜんじんみとう》の場所に向かって、一歩一歩進んでいきたいと思います。ノーベル平和賞だなんて大風呂敷を広げましたが、本当にそこに辿り着けるように——。

ありきたりな言葉で恐縮ですが、ユーモアは世界を救うと思います。悲しむよりも、怒るよりも、できるだけ笑っていたいと思います。そしてその輪が少しずつでも広がっていくように努力していきたいと思います。

さすがはスピード感のある国、中国……文章を書いているうちに次々とトレンドが変わり、また新しいブームが生まれています。そのあたりの最新事情と、この本に書き切れなかったことは、また別の機会に。

まず、いまはメイドインジャパンのコンテンツ輸出から……さて、次の動画の締め切りが迫ってきたので、僕は動画作りに戻ります。最後までお付き合いくださり、ありがとうございました。謝謝。

山下智博

1985年、北海道に生まれる。2008年、大阪芸術大学卒業。札幌市教育文化会館職員を経て、2012年中国・上海市に移住。日本のサブカルチャーなどを紹介するネット情報バラエティ番組「紳士大概一分鐘」が人気を博し、作成した動画の再生回数は10億回を超える「中国で一番有名な日本人」。中国国内でのネットタレント外国人ランキングも1位。テレビ東京『未来世紀ジパング』など日本メディアでも紹介され、いま最も注目されるクリエーターでもある。2017年、日中の摩擦を解消し、文化を通じて相互理解を進めるための会社「ぬるぬる」を設立(ホームページ:www.nulunulu.asia)。

講談社+α《プラスアルファ》新書 776-1 C

上海《シャンハイ》の中国人《ちゅうごくじん》、安倍総理《あべそうり》はみんな嫌《きら》いだけど
8割《わり》は日本文化《にほんぶんか》中毒《ちゅうどく》！

山下智博《やましたともひろ》

2017年11月20日第1刷発行

発行者——鈴木 哲
発行所——株式会社 講談社
東京都文京区音羽2-12-21 〒112-8001
電話 編集(03)5395-3522
販売(03)5395-4415
業務(03)5395-3615

カバー写真——長舟真人、(プロフィール)加藤秀仁
デザイン——鈴木成一デザイン室
カバー印刷——共同印刷株式会社
印刷——慶昌堂印刷株式会社
製本——若林製本工場株式会社
本文組版——朝日メディアインターナショナル株式会社

定価はカバーに表示してあります。
落丁本・乱丁本は購入書店名を明記のうえ、小社業務あてにお送りください。
送料は小社負担にてお取り替えします。
なお、この本の内容についてのお問い合わせは第一事業局企画部「+α新書」あてにお願いいたします。

Printed in Japan
ISBN978-4-06-291510-6